藝海波深

梁波罗 著

人民交通出版社股份有限公司
China Communications Press Co.,Ltd.

图书在版编目（CIP）数据

艺海波澜 / 梁波罗著. —北京：人民交通出版社股份有限公司，2016.1

（演员丛书）

ISBN 978-7-114-12613-0

Ⅰ. ①艺… Ⅱ. ①梁… Ⅲ. ①梁波罗—传记 Ⅳ. ① K825.78

中国版本图书馆 CIP 数据核字 (2015) 第 266549 号

书　　名： yi hai bo lan 艺海波澜
著 作 者： 梁波罗
责任编辑： 吴　迪
出版发行： 人民交通出版社股份有限公司
地　　址： （100011）北京市朝阳区安定门外外馆斜街 3 号
网　　址： http://www.ccpress.com.cn
销售电话： （010）59757973
总 经 销： 人民交通出版社股份有限公司发行部
经　　销： 各地新华书店
印　　刷： 中国电影出版社印刷厂
开　　本： 720×960　1/16
印　　张： 18.5
字　　数： 350 千
版　　次： 2016 年 1 月 第 1 版
印　　次： 2016 年 1 月 第 1 次印刷
书　　号： ISBN 978-7-114-12613-0
定　　价： 59.80 元

《演员丛书》总序

从 1905 年第一部无声电影《定军山》至今，中国的电影艺术走过了 110 个春秋。与之相比，电视剧要年轻一些，从 1958 年的《一口菜饼子》开始，到今天也有 57 年的历史了。百余年的时光里，大浪淘沙，谢添、赵丹、张平、张瑞芳、陈强、白杨、孙道临等众多演员将名字镌刻在银幕上。历史中，他们汇聚起一条光辉灿烂的星河，在时光流转中照亮了中国影视艺术的天空，并以璀璨夺目的壮美吸引着、指引着一代又一代影视人汇入这条长河中。他们努力着，骄傲着，燃烧着，以自己的一抹华彩，让中国影视艺术更加绚烂。

如何让每一代年轻人都能欣赏到这条星河的美景，让他们记住，让他们神往，让他们树立起艺术人生的标杆，让千百万有着演员梦的人向着艺术家的方向去努力，去奋进？诚然，观看这些著名演员的代表作品是绝好的途径，但是，影视作品中所见的大都是他们的艺术光辉，若想全面深入地了解一代代影视人的人生经历、艺术理念、创作观点以及不懈奋斗的心路历程，阅读他们的传记无疑是最好的选择。

现在我国影视行业以每年 200 多部电影，17000 余集电视剧的速度蓬勃发展，因而聚集了众多从事表演工作的演员。我作为中国广播电影电视社会组织联合会演员委员会的会长，一直有个心愿和计划：希望为当今德艺双馨的影视表演艺术家、演员作传，形成一套《演员丛书》。用榜样的力量端正广大演员的创作态度，进一步壮大社会主义文艺力量，创作出更多无愧于时代的优秀作品。同时，由演员亲自撰写或口述的传记，将成为他们艺术人生的最真实记录，更是中国影视艺术的宝贵财富。

2014 年 3 月，这一计划得到人民交通出版社的鼎力支持，首批艺术家传记工程得以有序开展并取得丰硕成果。在此，我代表演员委员会对人民交通出版社和社长朱伽林先生表示诚挚的感谢！

《演员丛书》的立传人选都是在艺术上不断进取，孜孜以求的表演艺术家，梁波罗先生是其中极具代表性的一位。他因饰演经典抗战电影《51号兵站》中俊朗、机智的“小老大”梁洪而一夜成名，由此万千观众认识了他。之后，在《蓝色档案》《瞬间》《小城春秋》《豪门惊梦》等众多电影、电视剧中，他又成功塑造了许多深入人心的人物形象。除了影视表演外，梁先生还精通朗诵、主持、戏曲、舞蹈，甚至曾以歌手的身份登上沪上春晚的舞台，多家唱片公司争相为他出版歌唱专辑，是位名副其实的全才与多面手。梁先生为人诚挚、热情、积极、乐观，是令人尊敬的影视表演前辈和人生的好榜样。相信他的传记不但会给影视表演从业者以启迪，还能给欣赏和喜爱他的影迷们以积极向上的人生正能量。

太平世界，因人物而繁盛。让中国影视的星空永亮，正是所有艺术家、演员、《演员丛书》的作者以及关心和支持本套丛书的社会各界朋友的共同心愿。让我们见贤思齐，在这个伟大的时代中不断修为，不断前行！

2015 年 7 月　于北京

推荐序

读了梁波罗同志的《艺海波澜》，我还真有点恍然大悟的感觉。

我虽与梁波罗在上影厂同事40多年，但除了他的艺术创作之外，对他的人生经历还真的知之甚少。读完了《艺海波澜》，我才知道他的艺术道路是怎么走过来的，从童年到今天是怎样抱着乐观而努力的精神，坚持达成自己的艺术理想的。透过文字，似乎能看见那个永远乐观向上的梁波罗，穿过漫长的时光向我走来，生活中，他的身影也愈发清晰起来。

梁波罗是多才多艺的，文学、表演、戏剧、戏曲、舞蹈、朗诵等，无一不精。这缘于他爱学习的精神。无论身处逆境还是顺境，他从不放松自己，积极地关注文艺领域的各个方面，不断地提高自己的文艺思想，孜孜不倦，努力地锻炼自己，把已学到的艺术才能作为充实自己的养料，帮助自己走向更为宽阔的艺术道路。

除了艺术才华之外，梁波罗还非常认真敬业。无论在什么年代，不论事情大小，不论戏多戏少，他都全神贯注，认真对待，而且想方设法尽力把人物形象诠释得更加丰富。多样的艺术才能和对生活的细致观察，帮助他更好地进行艺术创作，而踏实认真的工作态度最终成就了他——一个独一无二的梁波罗。

我与梁波罗仅于2013年在少儿影片《心曲》中有过一次合作，但从

20 世纪 80 年代至今这段相当长的时间里，我们在各种演出活动中倒是常常碰面。在演出前也常常对词，互相指正，哪些地方可以这样改或那样改，演出效果会更好。这几年中，我们参与这类活动的人都已经上了年岁，梁波罗在我们中间尚是“年轻人”，因此他和我们这些老年人一起演出时，他必然是那个更精神、更精彩的一员。在各种演出中，我们常常会有“捉襟见肘”的时候。比如，观众热情地要求我们“再来一个”时，我们常常会想不出临时还有什么合适的节目，梁波罗却能潇洒泰然地朗诵一首短诗或唱一段戏曲、一首歌，甚至能即兴表演对这次活动有针对性内容的作品，因而博得观众热烈的掌声。我们常常会在此时感谢梁波罗的多才多艺，这个队里有了梁波罗，大家就放心了。

虽然我回想起的好像都只是一件件小事，却反映了梁波罗在这条弯弯曲曲的从艺道路上坚强努力、前进不息的精神。我想，阅读梁波罗的《艺海波澜》，了解他从事艺术和感悟人生的过程，也是我们大家向他学习的过程。

秦怡

2015 年 10 月　于上海

自序

2015 年 6 月，我前往青岛参加第 15 届“金凤凰奖”颁奖庆典，演员委员会会长唐国强先生兴奋地告诉我，他酝酿多年欲出版《演员丛书》的愿望终于得以实现，动员我拿起笔来加入这一行列。诚如他在总序中所言:“若想全面深入地了解一代代影视人的人生经历、艺术理念、创作观点以及不懈奋斗的心路历程，阅读他们的传记，无疑是最好的选择。”这确是一件功在当代、利在千秋的善举。我能忝列其中，与有荣焉。

返沪后，正值盛夏。今夏上海多雨，常常窗外电闪雷鸣，大雨滂沱；室内人心潮澎湃，思绪汹涌。在记忆的长河中追寻流逝的往事，甚至是冰封的陈迹，思绪巡弋，本身就是个悲喜交集的过程，常常令人百感交集:感动、感奋、感怀、感恩、感伤……多少先贤、恩师、挚友均先后故去，而我辈正沿着先贤的足迹，继续行进在他们开拓的大路上……可以说，书中记载的不仅是我个人的心路历程，也是我们这一代影视人的集体记忆、共同情怀。

为此，首先要感谢唐国强会长、张歌秘书长和人民交通出版社朱伽林社长，使《艺海波澜》得以顺利付梓出版。

感谢德高望重的秦怡大姐以九三高龄慨然为此书作序，亲自动笔，一丝不苟。

感谢《上海采风》资深主编刘巽达先生，他在梳理文字和文体设置编排上给予了精到的指点和鼎力支持。他所作的跋更如行云流水，文采飞扬，对我赞誉有加，实不敢当。

感谢上海文联顾坚核、马春明、殷郡、张书翊、祖忠人和蔡晴在图文生成方面给予的帮助。

感谢以高鸿雁、邵江、吴迪和刘蕙菡等人组成的丛书团队，在编撰以及图书制作中付出的劳作和艰辛。

感谢健康，感谢四季。因为拥有了健康，才得以圆满完成这次“纸上心旅”。写作，使今夏变得越发斑斓！

夏去秋来，又见中秋。怀着一颗感恩的心，奉上这本传记，愿与所有关爱我的朋友分享这些心灵共烩的文字。

2015 年 9 月　于上海

目　录

我之路

我之友

我之路

My Way

我的履历，简单得40个字就可概括：
祖籍广东，生于西安，长于上海，
小学—中学—大学，表演本科毕业后径入上影任演员，
心无旁骛，直至退休。
说来有趣，一个祖籍广东中山的南方人，
怎会出生在北方的陕西呢？
原来，我父母于1936年在南京成的亲，
婚后次年即爆发了抗日战争，
于是父亲舍弃了南京电影院经理的职务和五福新村的新居以及家什，
投奔西安外公家（外公是陇海铁路高级职员）。
1938年农历十一月初十（1939年元月1日），
我在西安呱呱坠地。

是他揽住了我，对父亲，我敬畏多于亲近

"波罗"的来历与愚园路的童年

听说，我生下来就招人喜欢。因母亲奶水不足，家里托人觅到一位河南籍奶妈哺乳，不久我就长得圆口圆面，胖乎乎的像皮球。爸爸听众人一夸，干脆唤我"Ball（球）"。据此谐音，昵称我为"Paul"，这是当时很流行的"洋名"。奶妈发不出这个音，硬生生地叫成"波罗"，任凭怎么教她也纠正不过来。家人拗不过她，索性随她叫我"波罗"。从此乳名唤成大名，兼作艺名。

有趣的是，奶妈的"创作"还具有独创性，几十年来，我还真没有遇到与我重名的人。或许这个名字不登大雅之堂，别人不愿如此取名吧。不过，最近听朋友说，他们查询到"权威资料"，全国现在另有7个"梁波罗"，都是清一色的80后男生。我一听哑然失笑，这多半不是"撞名"，而是刻意为之。原因大抵不外乎：其父母早年欣赏我的电影，对我的银幕形象留下了好印象，所以才会在"梁某某"的选择之中，确定"借用"我的名字。如果没有我，可能他们不会轻易给孩子取"波罗"之名。听着像是水果，容易被人起绰号。感谢这些父母，把他们对我的好感转移到孩子身上。我的奶妈倘若有灵，知道自己的"原创"后继有人，也会含笑九泉吧。

话说我刚会走路时，双亲带着我偕同奶妈，开始了颠沛流离的逃难生涯。由于法国在太平洋战争爆发前一贯保持中立，而安南（今为越南）是法属殖民地，日法尚未交恶，安南未被战事波及，因此被视为逃难者的必经之地。我们一行先由昆明继而安南、香港，辗转来到上海，就此定居了下来。

据母亲说，在安南我差点走失，把她吓得死去活来。大致情形是有一天她与奶妈带我去商店购物，付钱取货的瞬间不见了我的踪影。人生地不熟，加之语言不通，二人面面相觑，不知如何是好，赶紧分头向东西方向，边喊我的名字，边向路人求助。喊了半天，哭了半晌，两个失魂落魄的女人又折回小店。妈妈此刻几乎昏厥，瘫坐在地上，认为我不是被歹徒拐走，就是被人贩骗走了。正当她们一筹莫展、六神无主时，我却突然笑盈盈地出现在面前！原来，越南商铺的柜台很高，但有一扇齐腰的弹簧门可供店员猫着腰进出，定是趁大人不备时，我无意间撞门而入，此刻玩够才走了出来。两个伤心欲绝的女人终于云开雾散、破涕为笑，紧紧地搂着我，不断地亲我、骂我、打我。此事想来有些后怕，如果我迟迟不出现，她们将如何？如果我从此流落于这个陌生的国度里，等待我的又将是怎样的命运……所幸“如果”未成现实，才有了我的童年和以后的一切。

来到上海后，我们居住在愚园路一条叫文元坊的弄堂里。那是一幢4层楼的花园洋房，我家租借的是3楼。2楼住着一位音乐家，终日琴声袅袅。底楼是房东张太太及其两个儿子：有洁癖的大哥哥纤尘不染，终日洗洗晒晒，尤喜将鞋子拍打得应天价响；喋喋不休的小哥哥开了一家集邮社，买卖花花绿绿的中外邮票，时不时会送几张邮票哄我。邮票社仅兄弟俩操持，却起了个特国际化的名字——五洲社。张家姆妈慈眉善目，满脸堆笑，逢人便夸我聪明、标致。她是苏州人，一口甜糯的吴侬软语，听来

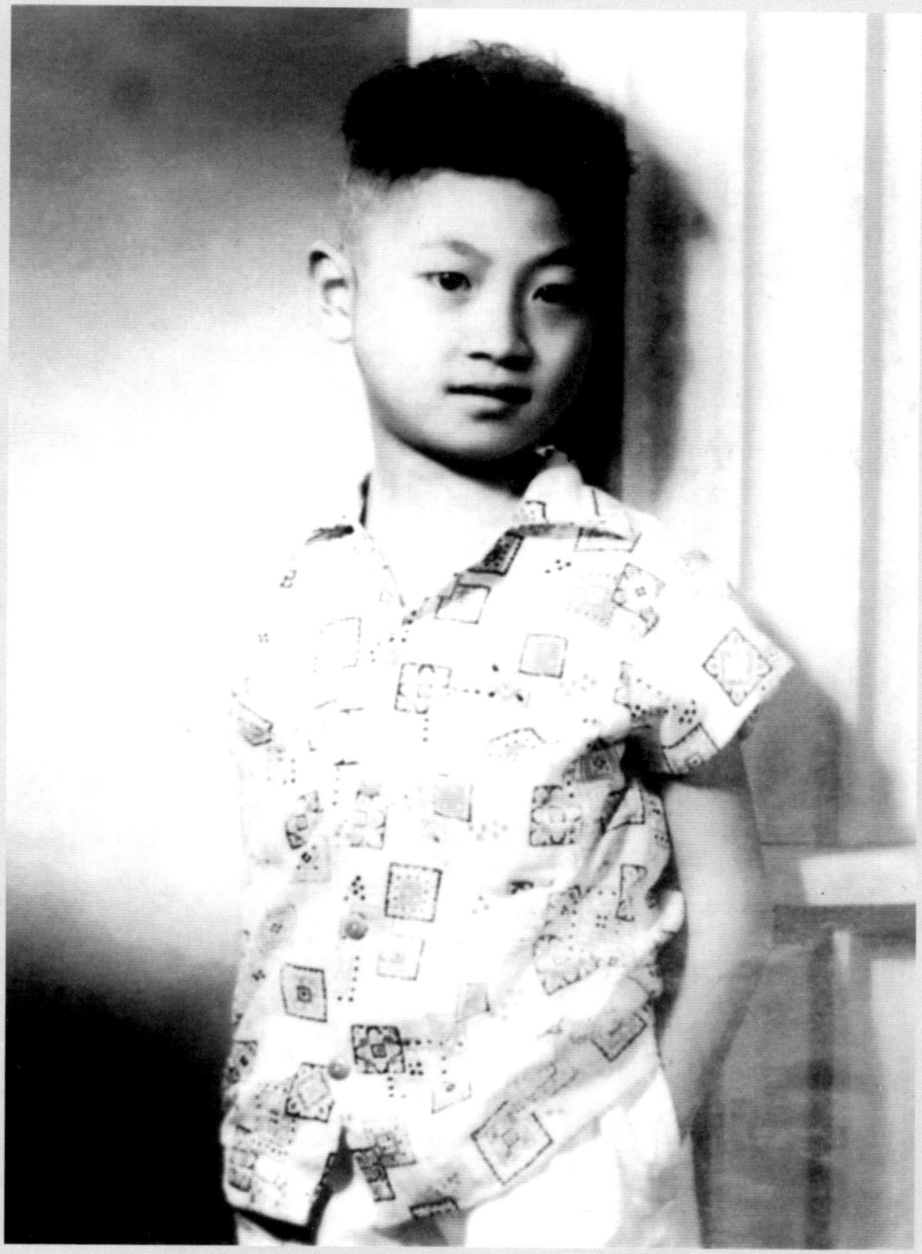

童年时代，既顽皮又快乐的我

很有音乐性。

最疼爱我的莫过于4楼的杨家姆妈。论居住条件她家是最差的，但4楼的人最真诚。她是老式居家妇女打扮，发髻高耸，山清水绿，带着一双儿女，过着不甚富裕但却温婉的日子。杨家姐弟也视我如胞弟，很爱护我，只是他们要上班，平日是遇不到的。我喜欢去杨家还有一个理由：她家拥有一个硕大的露台，沿着倾斜的红瓦，我可以爬到斜坡的顶端——抱住烟囱，就可以俯瞰四周的风景了。

虽然双方家长很熟稔，但是我最不喜欢去的是2楼。音乐家一脸寒霜，不苟言笑；太太终日描眉打鬓，孤芳自赏。尤其从门口望去，一架三角钢琴以及琴后面的那张冷峻面孔，令人讳莫如深，敬畏三分。不想这个不苟言笑的梁乐音，原是20世纪上叶，与陈歌辛、黎锦光、严工上、姚敏并称“乐坛五虎”中的“一虎”，曾风光一时。新中国成立后，他去港台发展，竟是引领华语巨星邓丽君登上亚洲歌坛的关键人物。我跟他们的女儿玲玲年岁相仿，恰是儿时玩伴，大人们还有意无意地撺掇我们引为谈资。她弹得一手好琴，令我好生欣羡。

我母亲李亚男受过高等教育，知书达理，善解人意。她毕业于南京教会学校汇文女中，是学校的文艺、体育积极分子。后来，据年轻时痴迷话剧、后来从事演艺事业的二舅李次玉告诉我，当时举办业余演艺社，万事俱备，独缺东风——女主角遍寻无着。是他，竭力将正在求学的母亲哄骗了去，出演了《日出》与《夜光杯》等，一炮而红，大获成功！不料被外公获悉，严词训斥二舅，并向我父亲“约法三章”，婚后不准登台演戏，这才平息了一场风波。“惜乎埋没了一颗明星！”——多年后，二舅仍如是说。

确实，母亲气质高雅，娴淑贤良，不少人说她酷似好莱坞影星海

母亲气质高雅，酷似好莱坞影星

蒂·拉玛。其实，她的内在十分传统，灌输我许多做人的道理，如“己所不欲，勿施于人”，“施恩不图报”…… 在我幼小的心灵里，播撒下博爱和宽容的种子。可惜婚后那些年动荡的岁月，令她不幸患了当年视为“头号杀手”的肺结核病。她在病中所表现出的淡定和大度，让人更觉人如其名：性格乐观、坚毅，不亚于男性。父亲为医治母亲的病交了不少医生朋友，使用了美国新药“雷米风”，才使她转危为安。但此乃富贵病，医嘱不得劳累，以防复发。因此即使她满腹才华也难以施展，只能在家学英文、练书法、打打字，过起相夫教子的清闲日子。但她对医务工作始终满怀崇敬，希望我长大后从医，治病救人；或者当一名音乐家，谱写出优美的旋律，装点人生。那时的我学医为时尚早，音乐天分却是从小就应培育的。于是，钢琴买了来，放置于阳台上，高薪聘请家教来授琴。家教是个中年妇女，鼻梁上架一副金丝边眼镜，斯斯文文，但十分严厉。我每次爬上琴凳、双腿悬空时就开始犯困，背对着窗后的明媚春光，面对着一大堆乏味的“蝌蚪”，叮叮咚咚，朦朦胧胧……总算磕磕绊绊弹完贝尔练习曲第一册，就再也学不下去了。

我开始反抗——逃课。每当我在3楼窗口发现老师走进弄堂时，就一溜烟奔上4楼，窜上露台，背靠烟囱。杨家姆妈大约同情我，甘愿为我挡驾。每当妈妈或奶妈找不着我上下求索时，杨家姆妈会朗声应答：“没有看见，不在4楼。”如是几次，母亲只得无奈地代学，以免昂贵的学费付之东流。几个星期下来，她断定我真的不喜欢，也不再勉强，谢绝了老师，卖掉了钢琴。若干年后，当我长大了，自觉对音乐产生兴趣时，却再也无此条件，令我懊恼不已。这件事给了我深刻的教训，所以当自己为人父时，绝不做违背孩子意愿的事。童真可贵，兴趣只能培养，不能施压，“揠苗助长”的结果只会适得其反。

父亲梁博那时在中华影业公司发行课工作，平日与我接触较少，对他我是敬畏多于亲近。他做事有条不紊，严格律己，以身作则，培养我物归原处、守时守信、当日事当日毕等生活习惯。他的乐善好施以及对家庭的责任感，给我留下至深的印象。父亲又是个极富生活情趣、喜爱追赶时尚的人。他一生最大的嗜好是搓麻将，纵使屡战屡败，依然乐此不疲。他抽烟，为赶新潮，他一时还手执烟斗燃支雪茄，优哉游哉——用现在的话说，无非是“拗造型”、“摆卖相”。市面上有新款烟具，他趋之若鹜，不计代价。什么手枪式打火机、地球仪烟缸，都成了他时尚的把玩宝贝。其间，为遵医嘱，他曾戒烟无数次。每次烟具皆忍痛割爱送人，以示决心，而每每皆以失败告终，连他自己也自嘲为“猪八戒”。

20世纪40年代，时兴骑摩托。他心血来潮，买了一辆带斗的三轮摩托，还经常带我去兜风。由于摩托的响声很大，老远就能听到，每次他驶进弄堂，先声夺人，等于预报麻将散场回家来了。他还爱听歌、听戏，百代公司大凡有新唱片，不几天就会在家中出现。平·克劳斯贝、狄安娜·窦萍等外国歌星的歌，周璇、白光、姚莉等流行歌曲，言菊朋、梅兰芳的唱腔……我都耳熟能详。尽管我不清楚歌词的含意，但可以一字不差地从头至尾唱下来。无疑，这种浸淫对我的音准、乐感起到了耳濡的作用，与我日后从艺不无关联。也许这就叫“有心栽花花不发，无意插柳柳成荫”吧。

说来我自己也纳闷，在愚园路的那段日子，虽然我还懵懵懂懂，为什么记忆却特别清晰？也许我正是以一个学龄前儿童的视角，观察市井生活中的众生相，纯净得不含半点杂质。因此历久弥新，经过70年的沉淀、冷藏，才得以完整地保存在记忆深处；一旦解冻，记忆就会鲜活地跃动在面前。甚至到今天，想起杨家姆妈炸的三角糖糕，依然唇齿留香……

摆造型的父子俩

有时，记忆像一个顽皮的精灵，从来不按主人既定的思维轨道运行，有的事旷日久远却纤毫毕现，有的事近在眉睫竟仿佛依稀。不知是否每人脑里都吸附着一台定向过滤器，择其所需，立照存档。下面要讲的是两段愚园路洋房之外，有关街道和影院的儿时记忆。

第一段记忆和淮海路有关。大约在我五六岁时，一天早晨，妈妈装扮隆重，还为我换上年节穿的盛装，说要带我去个高尚的去处——法租界。当我们步入霞飞路（也就是今天的淮海路），但见高大的法国梧桐环抱着整洁的街道，阳光透过树叶将光斑洒落在行人脸上，绅士淑女穿梭其间，不乏金发碧眼者，与我们居住的愚园路景象迥异。待我们行经日后的哈尔滨食品商店附近，突然发现路边滚动着一团缠绕的绒线球。妈妈捡起环顾四周，让我询问是否前面大人遗落。我一路小跑追撵过去，一个人高马大的中年洋妇应声回眸，鄙夷一瞥。俟弄清来意后，她摇摇头，却将绒线收进挎包，手指前方叽里呱啦讲些什么，匆匆赶路去了……我狐疑回望，妈妈从对方语音判断此乃贪小的白俄，明明不是她丢失的，却顺势占为己有，还佯装追寻失主去了。妈妈因地施教，以此实例教了我一句成语“顺手牵羊”。当时我边走边纳闷，觉得这里的人虽然衣着光鲜，却既不友善也不诚实，童稚的本真和良善受到愚弄和伤害，以致从此再也不肯随妈妈重访这地界。当然现在看来自然是以偏概全，不过这确是年少时的我对当年淮海路的不良印痕。

第二段记忆和南京路有关。那是20世纪40年代后期，我八九岁光景。记得那天是在福致饭店用餐过后，父母携我随友人一起去南京路上的大光明电影院。妈妈为我戴上了领结，并一路悄声嘱咐我说:“这是座专放西片的一流影院，入内需衣冠整洁，不得喧哗，万万不可造次。”当我们抵达时，正片已经开映。由于我们的座位是花楼一排正中，一行人在外籍领位小姐幽明的光照下，躬腰侧体，在连声道歉中始得落座。银幕上，贾利·古柏与英格丽·褒曼正在嶙峋的山岩边争辩着——正在放映派拉蒙公司的《战地钟声》。我自然看不懂，摸黑进场时的紧张感过后，视觉也恢复清晰。环顾四周黑压压的观众居然鸦雀无声，如入无人之境，令我好生诧异！从此，这种宛若步入电影宫殿的神圣氛围连同“大光明”的名字，便扎根于我孩提时的记忆之中。以后还去看过《圣女贞德》和《剑胆琴心》，都是早早进场端坐着，等待放映前催场的钟声和随之渐暗的变幻灯影……当时自然不会想到，自己日后居然会“从艺”，尤其是专业“从影”。更不曾想过，若干年后我参演的影片会在这座远东第一影院中放映。谁知道呢？或许童年时期的观影，为我无形中埋下了艺术的种子。

岭南魔王的“天赋异禀”

弟弟的出生，是我5岁时家里的一桩大事。继我之后，父母皆希望再添一千金，故而准备了不少女婴用品，不料仍然生了个男孩。

1943年10月的一天，奶妈喊我来看刚从医院抱回来的新成员——小波罗。我兴冲冲地进屋，只见一个头发微卷、皱皱巴巴的黑红小脸裹在襁褓之中。让我惊讶的是，他的手脚异于常人：手指不是伸展而是向内弯曲的，几乎粘连着手腕，脚趾亦然。医生说此乃怀弟弟时妈妈用药所致，是药物反应，经常为他按摩是可以掰开的。我半信半疑当即掰了几下，他的小手又瘦又硬，稍一牵动就哇哇大哭，小脸憋得通红，把我吓得不轻。“不会是个残疾人吧？”虽未说出口，但心中暗忖。从此，为弟弟扳扳手、扳扳脚，成了我每日的必修课。看多了，也逐渐习惯起来，不似刚抱来时那么不忍卒看了。

弟弟比我幸运，在他出世之初，父亲就为他起好了名字。父亲大约受“仁义之师”的启发，为我取名梁仁，老二名为梁义。但我这个“梁仁”已经名存实亡，因我已用“波罗”名义上幼稚园了，故只得伺机更改。不料以后中学及“上戏”教务处皆嫌麻烦，推说工作之后再改。谁知进上影后全力拍片，无暇旁顾。当决意要正名时，制片主任大跳其脚，称海报、

全家福（1956年）

片头都印制完毕，岂能说改就改！悻悻中，只好断了改名的念头。有时想想怪对不起父亲的，但转念一想，又相信他老人家一定会宽大为怀：想到奶妈原创的名字竟有“艺名”所承载的好记和响亮的天然功效，想必也感欣慰。算是歪打正着吧！

功夫不负有心人。日复一日，果然不出半年，弟弟的手脚已一如常人，家人的眉宇才彻底舒展开来。不曾想，这双被人担心会否残废的手，却是一双不同凡人、天赋异秉的手。日后，当他成为全国魔术界领军人物、被誉为“岭南魔王”时；当他在舞台上叱咤风云、变幻声光雷电时，人们惊呼其出手之神速，我们才恍悟：这双手正是上天恩赐的礼物！

当然，他的成功不仅源于天赋。弟弟是个沉默寡言的人，从小性格就比较内敛，不喜形于色，似乎总在思考着什么。原来梁义在小学四年级时已对魔术产生了浓厚的兴趣，课余会去“大世界”或“先施游乐场”等处观看魔术大师张慧冲的演出，回来还琢磨。当时我们已迁居凤阳路，是热闹繁华地段，与姨父母以及表兄妹生活在一起。他会省下零用钱，带着两个表弟，去城隍庙等地寻师觅友。遇上节假日，大人小孩在一起，他偶尔也会露一手。以他为主，一个表弟当助手，一个制作道具，扯出一串红红绿绿的绸子装神弄鬼，玩些雕虫小技。但这些，并没有引起我们特别的注意。孩子的贪玩罢了！

不料，自1958年他随去广州发展的父母赴羊城后，居然“贪玩”得变本加厉——立志选择魔术作为他的终身职业！这个选择遭到我们三人的一致反对。记得我在“上戏”求学时，接到妈妈来信，告诉我弟弟经常旷课，每天偷偷去离家不远的文化公园观看广州杂技团的演出，经常流连忘返，学业自然荒废，与我商量对策。我读后十分激愤，认为他此举是逃避学业，不思进取，坚决反对他辍学去当江湖艺人。不想这封措辞强烈的信

弟弟梁义（1982年）

哥俩好

偏偏落入弟弟手中。他破天荒第一次给我写信，大意：我选择魔术是出于喜爱，不是逃避学习，如同你选择话剧一样。艺术分工有不同，但无高低贵贱之分，为什么你选择戏剧是高尚的，而我选择魔术却是低下的？旧社会蔑视卖艺人，老人持此看法我不责怪，你执此观点令我吃惊……

弟弟的来信给我很大震动，他所言极是，切中要害，驳斥得我哑口无言。我一方面惊诧于他的成长，一方面也欣喜于兄弟对话的开始。那年我20，他年方15。之后我们相互通信，交换看法。我不再居高临下地指责，而是平等地沟通，观念也逐渐改变了。他的诚意也感动了广州杂技团的团长，团长亲自上门征询家长意见。团长认为梁义是可造之材，准备破格吸纳他进团培训。父母是开明的，同意弟弟暂时停课试训。事已至此，且看发展。

弟弟拜在翁达德门下，师承“莫派”，他潜心学艺。谁能料想，未出两年，他已一跃成为广州杂技团的主力和台柱，在广州的杂技舞台上呼风唤雨。自此，一路顺风顺水，由广州而后岭南，进而在全国声誉鹊起，由小型魔术发展为与高科技相结合的大型现代魔术。不几年，当上团长的他又率团多次走出国门，在海内外赢得了声誉，成为我国第一个加入国际魔术协会的会员。仅魔术“炮筒穿心”，就获得过第四届全国杂技比赛金狮奖（1995年）和美国第71届国际魔协比赛金奖第三名（1999年）。他不囿于传统，不是单纯的炫技，而是将整台晚会以歌舞和走秀串联，间或穿插情景、情节，可谓“杂技剧”。比如，在他的杂技剧中有这样的情节：特务追杀爱国志士至一书局，青年进门时着学生装，摇身一变，出门时已西装革履，特务铩羽而归。又如，姑娘们逛商厦挑选时装，转一圈从头到脚换了一套，神速而优美……将杂技融入剧情，大大增加了观赏性。还有，他创作的“心灵感应”节目，更开创了广州—香港异地同步电视互

动、准确感应无误的神话，令人叹为观止。

于我而言，最值得记忆的是1982年春节前夕，他举团来上海，在当时最大的演出场地“文化广场”连演10天，特邀我参与——兄弟联袂共演3场。我是既感欣慰又感歉意：一则是对兄弟同台献艺的欣慰之情，一则是对当年曾给予他伤害的一份迟到歉意——那年我43岁，他也38了。还记得，时任文化部部长的英若诚先生特地上台握住我们的手，亲切鼓励梁氏兄弟为我国影剧、杂魔事业做出更大贡献，可谓其嘱殷殷。

最高兴的，莫过于从广州赶来助阵的母亲了。我们谨以观众奉献的鲜花，一起告慰父亲的在天之灵。

初试啼声
与“人生何必学几何”

我的“从艺”之路，大抵要到20世纪50年代初去“溯源”。

在光华附中念初中时，我曾自编自导自演过一个独幕剧《一只热水瓶》，对剧情我已毫无记忆。校友团聚时，据童丽丽回忆，讲述的是在宿舍里，一个富裕的自私女生由不愿转变为甘愿奉献热水瓶给室友的故事，借以表彰团结友爱的互助精神。她就扮演“自私女生”，故记忆犹新。何慧婉饰病友，绘声绘色地讲述她从双层床上铺往下跳的细节，所以大致错不了。至于我作为男生，如何会编织到女生宿舍的纠葛中，而且是男主角，却是完全失忆了。总之这个小戏在学校激起了一阵涟漪，还到光华附中校外演出。最辉煌的一次居然去兰心大戏院演了一场！

随后，我又主演了《夜攻汉城》，是抗美援朝题材，由廖康民老师导演，我演一个朝鲜游击队长。据非本班的学友丁忠源最近在微信中回忆往事时“爆料”：“早在1950年，梁波罗已成为我们课余剧场的导演。演《夜攻汉城》时，我分到一个任务，待大幕徐徐拉开，我站在幕后，手捧一碗红墨水。随着演出进行，主角梁波罗上场，好像在寻找什么，突然向我走来，用双手摸索着。当他的手到达我正前方时，我将‘血碗’微微向前一托，他的手伸进碗里，抬起‘血手’，大声道出‘啊，血，血！’珠

联璧合，演出大获成功。我的这次演出，老同学们都不会记得，但大演员梁波罗应该不会‘忘恩负义’吧？梁波罗，你想一想，如果没有我这个‘活道具’，哪会有你那次演出的成功呢？”

第一次正式配合舞美、灯光、造型演话剧，是1952年寒假，在虹口横浜桥堍国立剧专的小剧场。此前，如前所述，我在光华附中读书时，演过几出话剧。纵然是草台班的业余演出，却引起了学生会的注意，将我推荐到区里举办的话剧骨干培训班。按规定，这个培训班只接纳高中同学，我是破例参与旁听的。

当时我只有十三四岁，正处于变声期，在一班人高马大的话剧骨干中不仅矮人一截，更是被人撸撸面孔、拍拍头顶的“小鬼”。带班老师是剧专的在读学生魏珉，其父是鼎鼎大名的电影演员魏鹤龄，主演过很多电影，如《祥林嫂》中的贺老六。魏珉向我们敞开了通向话剧艺术宫殿的大门，讲述了表演的门道。我如饥似渴地听着，记着。

转眼，要进入排练了。剧目是《母亲的心》，由魏珉执导。讲述抗美援朝时期，新婚的矿工说服母亲、告别妻子，奔赴前线的故事。他不忙着确定演员，而是通过对词来遴选。当时我十分笃定，认为自己是带耳朵来学习的，有这些大哥哥在，根本轮不上我。所以当魏导听过两位候选人后让我试读时，我对台词已听得相当纯熟了，加之毫无压力，故而轻轻松松念了起来。因为在家里我习惯用普通话与母亲沟通，自然不存在一般南方学生所惯见的语言通病。我不知不觉间物我两忘，全情投入，念到激昂处竟然泪流满面，引来学兄学姐一阵掌声。魏珉听后坦言：“人是矮小了些，但话剧主要通过语言来传递感情，刚才我都被感动了。化妆、服装想法再帮他一把，角色就这么定了。”我真是喜出望外，受宠若惊。学友们则鼓励我说：“好样的，小鬼，好好演！”

正式演出的日子来到了。我清楚地记得，傍晚，当我化完妆，套上连体工装裤，凭窗向下望着鱼贯进场的观众，心中一阵莫名的悸动：不知自己会否从此走上从艺之路？我会否为此搏击一生吗？不过此刻不容我多想，我清理了一下思绪，走上舞台……

演出效果不错。尽管我一出场与妻子春花对话时，观众席中隐约传来轻微的骚动。但随着剧情的发展，每每演至激情处，我都情难自控，台下鸦雀无声，唯闻饮泣声。我明白，观众接受了我，我也初尝创作带来的愉悦。

我始终未忘怀于魏珉老师的启蒙之恩。20多年后，当我去武汉剧院演出时，特地留了票，想邀请他来看看当年青涩学生如今的舞台表现，还专程去他工作的武汉话剧院探望。不料他去外地巡演了，终成一件憾事。

小试牛刀后，我回到师大附中，开始高中的学习生涯。我清楚，初试啼声只是为我今后提供了多一项选择；而眼下，念好书才是我的当务之急。然而，这种清醒的认知和宁静的心境却没能维持多久。

说实话，从初中开始，我就是一个数理化落后而文科出众，发展不均衡的学生。记得在2005年高中毕业50年同学聚会时，学友王广平“揭露”说，我曾在黑板上涂鸦过“几何，几何，人生何必学几何？”的字句，对此，我竟然全无记忆。但对方言之凿凿，佐有旁证，可见所言不虚。虽属戏言，足证我对数学的抗拒心态。反观对语文，我则全神贯注，酷爱有加。前些时，我找出两本作文簿，一本高一成绩全甲，另一本高三通篇5分，必是自鸣得意才保留下来的。曾记得，我还有写过一个厚厚的剧本当作文的经历，曾将关汉卿的名著改编为话剧《燕燕》，同学们自然飨我以白眼。

如此偏科的学生，老师自然头痛。偏偏数学老师廖康民又是个话剧、

出于对京剧的挚爱，曾拍摄《贵妃醉酒》中杨玉环的造型以作留念

戏曲的“双料戏迷”，他和语文老师谭惟翰对我真是爱恨交加，却又爱莫能助。出于兴趣，初时我参加过杨畹农先生主办的“梅剧进修会”，小嗓居然宽亮，扮相俊朗，票友纷纷怂恿我下海。纵观那阶段，京剧小生行当人才奇缺，架不住诱惑，我在念高二时做出了惊人之举：每周一三五晚上到八仙桥方传芸家学昆曲；二四六晚去延安东路许锦佑家学京剧；周日上午则去牛庄路中国大戏院，找郑立恒练把子功，企图走自学成材之路。

可以想象，一名高中生课余时间全被占满，学业大幅下滑势在必然，这引起了班主任丁明远老师的关注。他频频家访，当他了解内情后，苦口婆心、语重心长地说，他支持我对艺术的追求，但告诫我必须把高中基础打扎实，不可操之过急。再说，学戏坚持了3个多月，我已体力透支、经济拮据，自觉腰腿皆过了可塑年纪，正处于此路不通、难以为继的当口。与父母商议后，遂决定拨正航向，调转船头。丁老师转忧为喜，亲自指派雍新生和许淑真两位优生辅导，总算争气，门门过关，获得了投考戏剧学院的资格。

中学的6年学习生涯，师生间情深谊长，分手后的50多年间，彼此联系不断。2005年的聚会是规模最大的一次，面对着从国内外赶来赴约的昔日同窗，我乘兴再次涂鸦打油诗一首，权当对我少不更事的那句戏言的回应——

几何，几何，
人生五十能几何？
少年轻狂几时再？
鹤发童颜奈我何！

▎50年后重聚一堂，大家坐回原座位

▎王广平是我涂鸦的揭发人

▎50年后“几何歌”重景再现

几何，几何，

人生七十有几何？

乙酉小聚几时续？

何日杭城对酒歌？

这最后一句，指的是大伙的约定：2007年秋杭州再聚首。

在张庙一条街拍摄影片《小足球队》时留影（1964年）

考“上戏”的惊险之旅

投考上海戏剧学院的战鼓擂响了！

1955年，“上戏”招生考场设在剧专原址（今洪湖中学）。艺术院校先于全国统一招生，投考者仍须参加统考，但两者只录其一。当年，报考“上戏”者成百上千，十分踊跃。一群初生牛犊，相互打探，很快相熟起来。考生来自甘肃、湖南、安徽、江苏……无论来自天南海北，人人信心满满，志在必得。

若无健全的心理素质，是难以承受此等考试的。初试时，五六个考生编为一组，考场内铺着炫目白布的桌子一溜排开，端坐着一排严肃的考官。他们审视着你，场面本身就是一种无声的威慑，令人晕眩。考生自我简介后，考官开始个别交谈。他们语态平和，目光犀利，大多谈些家长里短、无关痛痒的话题。我当时十分不解，既然是艺术院校考试，为何聊这些不相干的东西？入学后，老师才告诉我们，其实此刻他们正各司其职——表演老师探测有无可塑空间，台词老师辨听语音，形体老师则考量可有肢体缺陷……我就被单独调出来前前后后走了几回。

说来有趣，家父走路喜外八字，不幸“遗传”给我们弟兄，故当父子三人单列行走时，恰似一队企鹅在行进，常令母亲忍俊不禁。此时，考官

让我走好几回，或许在验证我的步态是否“有药可救”。反正我当时年少无知，木知木觉地听命走路，也不知他们意欲何为。真要感谢母校，我的步态在“上戏”期间得到了纠正，不再“企鹅”；而弟弟梁义则化弊为利——串演小丑时，将天生劣势化为优势，把卓别林模仿得惟妙惟肖……这是后话。

待考生各自将备就的诗歌、散文展示一通后，老师命题做小品，做过单人再做双人或集体的……高中母校学友对我应考十分关注，丁老师特组建“后援团”在场外守候，及时汇报战况，为我助威。他们的声援在一定程度上，确实起到了鼓舞斗志的作用。

复试形式与初试相仿，增强了命题小品的分量和难度，表演大多不按常规进行，中途会安排些意外，考察你的即兴应变能力。之后，会让考生随音乐变换走节拍（节奏），吟唱钢琴弹奏的乐句（音准、旋律）……借以全面考核考生水准。总之，一切无法准备，无法预卜，无轨可循，充满变数。谁也帮不了你，只有依靠自身的表演天分和临场发挥。

复试发榜的日子，忐忑不安的我不敢亲临现场，唯恐名落孙山。榜单前哭笑怒骂响成一片，我只是远远观望，听凭“后援团”前去看榜。终于，他们发现我的名字赫列其间，立刻拥起我，雀跃着向老师报喜去了。

连续两战告捷，兴奋而疲惫。趁三试前，我决定自我犒劳——补觉。这无疑是最佳犒劳，因为那些天真有“不知今夕何夕”的慵懒。话说那天早晨自然醒来，忆及初试与复试的情景，一幕幕如同电影画面迅疾而过。遂想写封信给远在广州的双亲，详尽描绘一番。当我下意识地打开床头柜抽屉，取出三试通知一看——不好，要出事了！这才蓦然发觉：今天上午8:00正是笔试开考的时间，而此刻已是近8:00了！顿时，吓得我魂飞魄散，慌忙翻滚下床，飞身跃上单车，绝尘而去。一边骑一边忖：如何得以混进考场？

待我赶到考场，已然8:30了。考生正埋头应试，一片寂静。监考同学闻声走到我面前，我大汗淋漓、气喘吁吁："这是我的准考证、通知书。我来晚了，老师。"明知他不是老师，我故意如此称呼，博其好感。

"现在几点了？校方有规定，超过半小时，不得进场，不可以。"他斩钉截铁展开双臂阻挡我，一副公事公办的样子。

"我也不想迟到啊，实在是家有突发事件……"我欲言又止，欲擒故纵，诚恳陈辞："妈妈突然发病了，家里就我一个，我只好先送她上医院，进了急诊室，才马不停蹄地赶过来，不想还是迟到了……"我的语速像机枪扫射，汗和泪似纷纷坠落的弹壳。恕孩儿不孝不才，情急之中将母亲您也编进了故事，实在是迫不得已啊。

"真的？你……"

看他有些松动，我乘虚而入："老师，只要您放我进去，别人交卷我交卷，保证决不拖堂！"

"不可以的。"还是这句话，多了一个"的"，少了几分威严。

"您就行行好吧！您想，我好不容易通过一试、二试，要是没有特殊情况，我能轻易放弃吗？老师！"重磅反诘显然击中要害，我感觉得到，他被一种感同身受的情愫所支配，挡道的手臂垂落了下来。事不宜迟，我顺势边道谢边潜入考场，蹑手蹑脚，悄无声息。

"轻点，坐最后一排。"背后传来他的叮咛。

我心石骤落，侥幸闯过因疏忽而自设的关卡，总算化险为夷。

考题并不难，作文是我的强项，未等考试结束我已步出考场。临出门前，我向他深鞠一躬，此刻轮到他向我投来惊愕的目光。我的判断不错，他确是"监考同学"而非"监考老师"。后来了解到，他姓杨，是附中学

生，假期来做义工的。难怪，作为“本是同根生”的学生，“相煎何太急”——他自然深知错失笔试意味着什么，因而放我一马，也自在情理之中了。每当忆及此事，仍很感激他。那天，如果没有冥冥之中的灵光一闪，如果没有杨同学的高抬贵手，很可能会改变我的人生轨迹。

不久，我随大伙又参加了全国高校统考。彼时，每人可填写3个志愿，我第一志愿是上海戏剧学院，第二志愿是华东师范大学。某一天，我同时收到两封沉甸甸的信笺，一封是盼望中的“上戏”表演系录取通知书，另一封却是意外的华东师大中文系的录取通知书。我惊喜交加，一时举棋不定，因为二者我皆喜欢。但，毕竟当演员是我梦寐以求的，考“上戏”又经历了千难万险，权衡再三，决定将另一信退了回去，勿因招生办的工作疏忽而剥夺另一位求学者的机会。

1955年秋，我愉快地踏入迁址于华山路上的“上戏”新址。在这所全国艺术院校最高学府的崭新校舍里，开始了崭新的学习生活，在艺术圣殿展开了我的寻梦之旅……

从“打酱油”到“领舞”

进入“上戏”后，学习生活并不像想象中那么有趣，而是比较单调枯燥。那时的教学严格遵循苏联戏剧家斯坦尼斯拉夫斯基（简称斯坦尼）的表演理论体系。斯坦尼演剧体系与布莱希特演剧理论以及梅兰芳的戏曲，并称为世界三大演剧流派，斯氏演员一概是“体验派”。斯氏提出:“要学习、观察、倾听、热爱生活。”每次演出都应该是预先深入研究过人物形象的生活逻辑，重新创造生动的有机过程。遵照如此理念，我们的表演就要从最简单的“元素”学起。所谓简单元素，包括“交流”、“判断”和“无实物训练”等，是为表演打下基本功。

前面两年，我们很多时间都泡在这样的枯燥训练中。然后开始排练小品。这下搔到了我们的痒处，大伙的天性一下子大爆发，同学和老师皆成了“戏痴”。晚上夜自修时，每个房间都热闹非凡，循声望去，这边在研磨“谋杀”，那边在操练“枪战”，一转身，一场“热恋”正在如火如荼地展开……总之，大伙都疯得不行，全身上下都要动起来。我们还模仿各种动物的形态，如开屏的孔雀、憨态的猩猩，一片欢腾景象。

1955年，“上戏”开办了一个表演师资进修班。要进这个班可不是一件容易事，那是全国各剧团主要台柱子才可能轮到的好事。当时中苏友

好，去苏联留学是多少人的梦想，但哪里会有那么多名额？于是能够到“上戏”来亲耳聆听苏联专家的面授，无疑是极其重要的人生大事。那时，我们正在读一年级，自然也跟着沾光，经常去大课旁听，苏联女专家还专门为“表一”上表演课，令我们得益匪浅。

到了师资进修班结业演出的时刻，他们排了两台大戏，分别为莎士比亚的《无事生非》和拉夫列尼约夫的经典名剧《决裂》，导演均为苏联女专家叶·康·列普柯芙斯卡娅。我和一干同学担纲群众演员，我分到的角色是“宾客”——在《无事生非》的“假面舞会”中演一个没名没姓的舞者，翩翩起舞，营造气氛。由于是“打酱油”的角色，我心想观众肯定不会聚焦于我，所以表演特别松弛。我是第一对出场的舞者，我和舞伴边舞边聊，舞姿轻盈，顾盼自如。没想到的是，下场时，胡导和王祺两位主课老师居然认真地对我说：“回忆一下刚才的状态，这个状态就对了，我看比你其他小品都演得出色。”是吗？我顿悟：原来“松弛”是那么重要，忘记了“表演”，表演反而是“状态对的”。

我的“松弛”大大助益于我。苏联专家导演“点名”点到了我：“最后一场群舞，梁，你和卢（卢时初）有一段SOLO。”呵呵，这个酱油打大了。虽然还是没名没姓的角色，但是在一群翩翩起舞的舞者中，能够带着舞伴醒目亮相，有一段单独展现舞姿的桥段，角色显然变得“重要”起来，我暗自欣喜。

可以这么说吧，师资进修班的结业演出，在当时可算作“登峰造极”。所以在上海演完后，两台戏随后就进京演出，搬到了中南海怀仁堂。当时的我们，由衷地感到幸福。这是我第一次踏上北京的土地，对一切都感到新奇：走的路叫牛街，住处叫棉花胡同，早餐吃的是烧饼果子、豆汁火烧，外出时风沙扑面，口干舌燥……最令人惊奇的是首都的主干道

在舞台剧《决裂》中的形象

▍北京，我们来了！1957年与戏剧学院的同班同学意气风发地走在天安门前

大多宽敞，视野开阔，不见上海蛛网密布的电线杆。当我班男生挽手并肩大步行进在天安门前，不知谁喊了一嗓子：“北京，我们来了！”豪情的声浪裹挟着青春的笑声，在天安门广场上空回荡。

由于时间紧迫，两台大戏各演一场，装卸布景的任务十分繁重，因之只能“蜻蜓点水”式地“到此一游”，就匆匆赶回驻地了。怀仁堂的礼堂非正规剧场，几乎没有附台，所以我们男生既是台上的宾客、水兵，也是后台的搬运、装卸。但是这些都不在话下，能到“祖国的心脏”乃至“心脏的心脏”（中南海）去演出，是多么的荣耀。记忆中，每场演出都是高朋满座。中央的大领导，除了毛泽东主席之外，几乎都光临了。周恩来总理彩排和演出一场不落，陈毅元帅和贺龙元帅更是每场必来。印象尤深的是，周总理在演出结束后，总会步上台来和演员亲切握手，朗声勉励。他谈笑风生，神采奕奕。

有一件“轶事”值得一提。女同学周以勤那天演出过程中，匆匆穿过大堂准备返回后台。她正匆忙走着，猛一抬头，居然看见迟到的朱老总正笑盈盈地迎面走来。周以勤面对只在报纸和电影上看见过的朱总司令，一时有点慌神，手里拿着的道具铅桶一时失手跌落在地。还好，她毕竟是学表演的，见过世面，不太发憷。回一回神，连忙弯腰致意，朗声说道：“朱老总好。”朱老总也微笑示意，与之交臂而过。事后说起这一幕，她仿佛还沉浸在幸福之中。大家只有羡慕的份，从此再没有过“邂逅朱老总”之类的幸遇。

还有一个镜头特别令我难忘，充分显示了周总理的“细心”。为了显示“机会均等”，那一次演出结束，他上台后特地笑着对大家说：“今天我要从后排握起。”于是，我这个“后排”的群舞小演员，就荣幸地被“先握了手”。我没想到的是，周总理的手非常绵软，似乎和他这样的“铁臂

▎在《雷雨》中扮演周萍

▎在舞台剧《无事生非》中扮演克劳迪奥

▎在《罗密欧与朱丽叶》中扮演罗密欧

人物”形成了很大的反差。后来我了解到，周总理的细心周到有口皆碑，他对工作人员一向一视同仁，不分贵贱。他的人格魅力被人们广为称道，这次近距离的接触，让我深深领教。

1957年我在果戈理的名剧《钦差大臣》中饰演邮政局长

演活偷觑信件的“邮政局长”

从北京回来后，我们挥别了师资进修班结业演出的“打酱油”参演，开始潜心于自己班级的学习。

值得一说的事，1958年4月，全国青工代表大会在上海召开。可别小觑了这个青工代表大会，这些代表都是各行各业的青年英模，人人身上都有一段光辉事迹。在那个崇拜英雄的年代，他们的到来和集聚，无疑是一桩大事。是时，学校接到任务，要为青工代表大会创作演出一台“活报剧”①。我参演的活报剧名曰《友谊》，故事的核心大抵是一位叫做聂银初的地质队员，在一次野外工作中，不顾个人安危，连夜强渡额尔齐斯河，护送突然病危的苏联女专家斯捷潘诺娃，把她送到了乌鲁木齐，挽救了她的生命。据说，聂银初的英勇行为还受到苏联政府的关注，苏联驻乌鲁木齐领事馆向聂银初颁发了苏维埃最高主席授予的“列宁荣誉勋章”。

《友谊》顾名思义是表现中苏友谊的主题，由魏照风和任可老师编

① 活报剧是以应时性、时事性为特征的戏剧类型。这类剧目能及时反映时事，以达到宣传的目的，就像“活的报纸”。中国从20世纪20年代开始出现活报剧演出，在战争时期更为流行。演出时，常常把人物漫画化，并插有宣传性的议论。活报剧多在街头或广场演出，也可在剧场演出。

1958年戏剧学院的第一次亮相——我在活报剧《友谊》中扮演英雄聂银初(左一)

写，熊佛西院长亲自导演。那时，因为时间紧迫，从“起意”到“写就”只用了两天，第三天“剧本”墨迹未干就开演了。

只有走台，没有彩排，直接就正式演出。记忆最深的环节是我（聂银初）艰难地在铁索桥上攀援，音乐激越，扣人心弦。攀着攀着，到了高处的尽头。突然，灯光骤然熄灭，音乐越发激越……本来，这就是“规定情境”，因为这时必须得熄灭灯光，其余部分让观众展开联想。话剧毕竟不是电影，电影可以来真格的，可以蒙太奇，而话剧只能“窥一斑而知全豹”，给一段铁索桥，那就是整座铁索桥了。攀援到攀无可攀，接下来就得“暗转”了。然而，我还在黑暗中“攀”着呢，居然台上就黑黢黢了，怎么安全地跳下来？开演之初，怎么就没有想到这一出？

此刻，我只能强作镇定，在黑暗中做出判断。估计了一下，右下方好像是一块“岩石”，如果能跳到岩石上，就可以迅速借力回到地上。于是，我吸了一口气，朝着“岩石”的大致方位纵身一跳。没有想到的是，所谓硬邦邦的“岩石”，其实不是硬石，而是软板。布景嘛，哪有货真价实的道理？这下可好，脚踩到软处，脚下感觉不对，立马失衡，一个趔趄，连滚带爬地狼狈落地。好在处于黑暗之中，观众看不见我的狼狈相。当惊魂甫定之后，灯光复明，已是“第二天”，我又英姿勃发地焕然一新……

这次演出，给了我两个启发。其一是临场应变的舞台经验。演出中，有可能遇到各种各样的情况，如何随机应变地急智应对，无疑需要积累经验和善于思考。其二是领悟到戏剧的教化功能，戏剧有教化功能、娱乐功能和主情功能，在这三大功能中，窃以为教化功能是最重要的。不单单是“宣传英雄事迹”，其实一个民族文明素质的提高，也是需要通过各种“教化手段”的，而戏剧尤其是话剧，无疑具有“醍醐灌顶”的启蒙功

效。这些启示随着年龄和阅历的增加，就会越发清醒地认识。尤其是眼下娱乐化盛行，想想俄罗斯等国家的人民把“剧院”和“戏剧”视作“教堂”和“宗教”，把话剧当做一种艺术化的思考形式。这种“教化传统”，值得我们学习和深思。

这次“铁索桥上的表演”，应该可以算作“上戏时光”中难忘的一幕。而更难忘的是二年级下学期，排演果戈理的名剧《钦差大臣》片段，我被安排扮演七品官“邮政局长”伊凡·库基密乞。这个邮政局长有什么特点呢，不妨听听他的台词:“我挺喜欢打听世界上的新鲜事情……看这些信件真有意思，有几段描写得那么好……比读莫斯科新闻强得多呢！”果戈理如此描述他——“邮政局长幼稚到可笑的程度”。呵呵，身为邮政局长，却患有“私拆信件”的嗜好。其无时不在的窥视欲频频发作，一到上班他就高兴，因为“工作之便”可以过一把瘾。他私拆的多半是“高层”的信件，有一次还拆到了市长女儿头上，他“拆”出了很多鲜为人知的秘密。当然，最后揭开“钦差大臣”的真实面目，也得益于他的“偷窥”。

为了演好角色，必须得事前做足功课。于是，我们开始了“揭示其背后故事”的创作。也就是说，只有在“小品”中咂摸到了人物的相通情感和行为逻辑，才能准确地表演角色。据此，我创排了小品《一朵枯萎的小花》。

我的文学细胞这时“大发作”，用果戈理剧中提供的特定性格创作了好几封情意绵绵的“情书”，用以尽快“走近”那个将要饰演的角色。外人不知就里，还以为是原剧作中的台词呢。我自编的故事讲述了：一个姑娘失恋，欲自杀，走向海边，她的手里拿着一朵枯萎的小花……请看如下这封用“多情女子”口吻写就的“情书”。

亲爱的安东尼奥：

我怀着万分沉痛的心情给你写这封信，自从我们分别一年多来，这是第一次、也许也是最后一次写信了。

亲爱的，相信你一定不会忘记以往我们的幸福时刻，记得吗？漆黑的夜晚默默无言地并肩走在林荫道上，深长的亲吻代替了话语……

如今一切都成为过去。现在，我对着即将燃尽的蜡烛，形单影只地在这令人窒息的屋子里，唯有手中的“莱沙尔”陪伴着我。

我从来没有像爱阿尔卡其那样爱过任何人，甚至于当时的你。所以前年夏天我遇见他，仿佛见到了新的世界，我疯狂地爱着他，而他呢，也向我表示了无限的柔情。我毫不犹豫地给了他一切，没有听从你的劝告，跟着他远走高飞。

一年多来，我只尝到了短暂的欢愉，余下的却是痛楚！他给予我的是折磨，无休止的折磨！到了沙拉托夫之后，他的态度变得粗暴而专横，他折磨着我的肉体和灵魂！我怀着被侮辱的心，不止一次地收敛起娇养的习性，用柔情蜜意去唤醒失去的爱情；可得到的却是更难忍的侮辱与鞭笞！当他把我折磨得够了时，却又会施展出加倍的无尽温存——如同我第一次遇见他时所见到的那种神情——他继续用此去迷惑别的女人！

现在，我恨透了这个道貌岸然的豺狼。过去我曾以为自己是世上最幸福的女人，现在我只觉得自己是个无依无靠的可怜的动物，被关在陌生的樊笼里。我眼前一片漆黑，蹒跚地徘徊在死亡的边缘。几次我在狂风暴雨的夜晚，独自爬上陡峭的悬崖，愣愣

地望着无底的深渊，直到全身被雨水冲刷得痉挛，两腿被风刮得发麻，才拖着疲惫的身躯回到牢狱般的家！多少日子，我在寻找我的出路，现在我终于找到了，手里握着的药瓶，将是我生命的归宿。

亲爱的，我永远不会忘记你对我的恩情。我恨自己没有听从你的劝告，我错了，现在只能走这条赎罪的路。

外面下着倾盆大雨，震耳的春雷在轰鸣，春姑娘就要来了；可是我要走了，我只过了十八个春天呀！

蜡烛燃尽了，似乎在催促我赶快了却残生。

永别了，安东尼奥，我最亲爱的朋友！

不要为我悲伤，珍惜自己的前途。

我能留给你的，只有一朵枯萎的小花……

曾经属于你的　薇拉绝笔

呵呵，缠绵悱恻吧。当时我才19岁，不无青涩和稚嫩。我的“自拟情书”远不止这一封，而是好几封。“交作业”时，我动不动就翻出一封情书，一会儿是市长女儿的，一会儿是伯爵夫人的，都被我念得声情并茂。同学们都分不清这些情书究竟是“舶来”还是“山寨”，真假难辨。于是在表演系，我的“金童+才子”名声大噪。

说到“金童”，就得说一说“玉女”。我班年龄最小的两个人，男生是我，女生是周以勤。她在少女时代就是个才女，小小年纪就有著作问世，那是她在参加了德国夏令营后撰写的感想，名曰《在德国夏令营的日子里》。这是同学赠送我的第一本书，所以印象尤深。故此，“才子”“才女”并称的“雅号”就被流传开来。有趣的是，后来我们这对最年轻的“金童玉女”，居然双双成为仅有的两个分到上影厂的毕业生。

再说回《钦差大臣》。有了这些“小品”打底，我对所饰演的人物了然于胸，演出时，就有了轻车熟路之感。在此可以不无骄傲地说，这是我塑造得最为出彩的舞台形象之一。至今为止，我的昔日同窗，还对我饰演的这个“邮政局长”印象深刻。

在此说说后话。就在写作此书时，我在报上看到一则文化新闻，题为“179年历史的《钦差大臣》来华首演”。说的是“俄罗斯最古老的国家剧院”——亚历山德琳娜大剧院（成立时间达259年）首次访华演出，带来的就是俄罗斯大文豪果戈理的讽刺喜剧《钦差大臣》。可见经典总是常演不衰，永远受到人们的欢迎。同时又让我想起，2009年曾经复排全剧，焦晃等一干“老人马”摩拳擦掌，以期再铸辉煌，同时过一把戏瘾。导演就找到我，希望我重新演绎那个活灵活现的“邮政局长”。可惜的是，那年我颈椎病非常严重，无法胜任这次演出，只好和“邮政局长”交臂而过。记得那天，在“上戏”剧场，坐在我旁边的学妹潘虹不经意间发现我手臂上的针眼。我告诉她，我是刚打完点滴赶来观摩的。看着台上的彩排，一边重温着熟悉的剧情，一边心里翻江倒海地感慨万千，回想起那些生龙活虎的岁月……

1959年，上海戏剧学院表演系毕业公演莫里哀的喜剧《吝啬鬼》，导演朱端钧与全体演员以及前来观摩的上影前辈魏鹤龄、高博合影

毕业公演，魏鹤龄来看戏

转眼间到了1959年，临近毕业的时节。

那个年代，不像现在的大学生，早在一两年前就开始人心惶惶，到处投简历找工作。我们似乎都有点“傻气”，一门心思想着怎么演好戏，全力以赴把毕业公演做好。

毕业公演的剧目是莫里哀的《吝啬鬼》。我分到的角色名叫法莱尔，贵族出身。他无限心仪阿巴贡的美丽女儿爱莉丝（卢时初饰，即当年的SOLO舞伴），但又苦于无法接近，最终想出一计：委曲求全地应聘管家一职，得以打入阿巴贡的家里，方便接触爱莉丝。

这回的指导老师是大名鼎鼎的教务长朱端钧，他的指导风格非同一般：不像胡导老师那样热情洋溢地比划示范，而是稳坐钓鱼台地纹丝不动，然后慢条斯理地启发你，让你有所领悟。我们戏称胡导老师为“激情派”，称朱端钧老师为“老夫子派”。他那么不动声色地点拨你，样子显得有点冷漠，这让我们一时很不适应。但随着对角色分析的日渐深入，我们开始感觉到他的“厉害”。

起初我的表演很肤浅，不知道对管家这个角色如何准确定位。对下人凶巴巴的时候，这个角色就显得很可恶；对爱莉丝温情脉脉的时候，这个

我在《吝啬鬼》中扮演法莱尔，演出引起轰动

阿巴贡由李家耀扮演

角色又蛮可爱。但“可恶”和“可爱”的呈现，在局促的空间里，在同一时间里，就显得特别“分裂”。虽然这个角色就是“人格分裂”的，但如何揭示隐藏其后的“有机统一”，展现合理的性格逻辑，就构成了对我们的理解力和表现力的考验。

在朱端钧老师的启发下，我渐渐找到了准确的感觉：法莱尔首先是个贵族青年，他的管家身份迫使他必须得“像个管家”，表现出对主人的忠诚，所以就会对下人颐指气使、略带凶恶，使佣人们对他很不待见。但又不能让这种“凶恶”极端化，给观众造成“品格使然”的错觉。听听法莱尔对爱莉丝吐露的心声吧:“我每天在他（阿巴贡）面前扮演的尽是什么样的角色呀？除了附和他的意见，颂扬他的过失，夸赞他的作为以外，再也没有别的好办法。错的不是献媚的人，而是那些要人家献媚的人！”

找到这个人物的感觉来得很迟，让我找到“最准确感觉”的是在戴上头套、穿上丝绒华服后的第一次联排。看着镜子里的“贵族法莱尔”，我一下子产生了和角色“合二为一”的感觉，更感受到了法莱尔鄙夷阿巴贡的依据，原来造型是那么重要啊！那时你就不再是你了，而是“他”了。我突然觉得演来得心应手，心里面的法莱尔立起来了。

“复课”时，朱端钧老师说，“法莱尔的行为让我感到信服。”朱教务长是一个特别内敛含蓄的人，这一句淡淡的表白，语调平实，但我听得出，这是他对我扮演的法莱尔这个角色最大的肯定。我的耳畔不时会想起他那段充满诗意的自我剖析:“我每天清晨在阳台上莳花弄草、浇水、松土、施肥，日复一日年复一年，看着它们茁壮成长；为什么不能对我的学生再耐心一点，为他们修枝剪蔓，让他们更快成材呢？”他就是这样旁敲侧击、循循善诱，不是把着你的手，而是启迪你的心智，让你自己打开心门去拥抱角色。

在他的激励下，我们全班同学全情投入演出。这部《吝啬鬼》居然一连演出20天，华山路“上戏”简陋的小剧场里，每晚宾客盈门，场场爆满。

值得一提的是，在1928年主演过《吝啬鬼》的上影著名演员魏鹤龄，还有名演员高博，某天悄悄地来“上戏”看我们演出。此后不久，我被选中进上影厂当了电影演员。究竟这其中有什么联系，我不敢胡加猜测，只能写在这儿录以备考。

在这儿，还要对年轻读者啰唆几句：前文说到的导演活报剧《友谊》的熊佛西院长，还有指导《吝啬鬼》的朱端钧老师，他们都是戏剧大师，是青史留名的戏剧界大人物。一个是呼风唤雨雷霆万钧，一个是和风细雨润物无声，我庆幸得到他们两位大师的指点。

如今，你步入上海戏剧学院的校园去看看，在绿茵环抱的校园里，他们两人的塑像矗立于宁静的所在，神色安详而亲切；校园里还有以他们名字命名的大楼和剧场。看到这一切，你就明白，这两位大师正是“上戏”的文化符号，一如蔡元培之于北大……

法莱尔在调侃阿巴贡

慷慨陈词的法莱尔

“海园”的“传奇班”

“倒带”回去，说说我大学生涯的“寻常生活”。

1955年秋，我入读上海戏剧学院（前身为中央戏剧学院华东分院）表演系一年级时，新址教学红楼刚刚开始启用。校舍只够接纳女生住宿，故一班十几个男生挤在南京西路上一个由昔日赌场改建的简陋旧居中。双层床密密匝匝地将宿舍挤得水泄不通，周遭环境十分嘈杂。一干从全国遴选入校的芸芸男生，血气方刚、嬉笑怒骂自不待言，每晚都在室长软硬兼施、厉声通牒下始归于平静。随之而来的是由梦呓、磨牙、打鼾、放屁……各式声浪组成的一支人声管乐队，每晚轮奏不同曲目，确实不同凡响！性格内敛者尚能忍受，刚烈者如焦晃之流，不堪其扰，曾不止一次仰天长啸、惨烈呼号以示抗议，一时引为笑谈。

校方几经努力，终于在次年，我们进入第二学年时，迁入了华山路一条称作“海园”的弄堂14号。那是一幢洋房的底层，虽仍是上下铺，但一房4～6人，卫浴设施一应俱全。如果说旧居像一个大家庭，“海园”则更让人感到小家的温馨，少了些许喧闹，多了几分私密空间。

我们每天早出晚归，清晨沿华山路步行约5分钟即可抵校，一天的学习生涯十分紧凑和忙碌。我这个全班年龄最小的16岁男生，承蒙学兄、学

焦晃与我是“上戏”的同班同学

姊厚爱，推举我先后当过中国古典舞和台词课代表。记得刚上完顾仲彝老师的戏剧概论课，趁小休10分钟，我要先于大家将舞蹈课需用的长枪和羽扇等从库房取出备就，恭候方传芸老师驾到，忙得连换练功服都来不及。课后归置教具，又忙不迭更衣奔往琴房。声乐老师吕铸洪检查发声气息时，见我的小腹起伏不定，上气不接下气，有点诧异，殊不知我是一路小跑赶来的。芭蕾和西洋代表性舞蹈也是令我们爱恨交加的课程：胡蓉蓉老师十分严厉，尤怕听她那句礼貌用语“×××，请——”被点名出列单独重跳者，往往是腰腿先天条件优异而未全力以赴者，于是“空中旋转一圈，地上汗水一摊”是司空见惯的。台词课对话剧演员的重要性不言而喻，别以为这门课程轻松，坐着动动嘴皮子而已，绕口令能念得你坐立不安、如坐针毡，即便捶胸顿足，也难以纠正那些该死的地方口音。全班在朱铭仙、张仪静两位老师耐心、悉心、苦心教导下，终于获得长足的进步，开始走向字正腔圆……

当然，主课是表演。我们班何其幸运，除了在以胡导老师为首，加上王祺、陈加林、陈明正组成的教学组4年连贯教学外，还如前所述，有幸接受过苏联专家叶·康·列普柯芙斯卡娅以及我国戏剧大师熊佛西、朱端钧老师的亲自指导，夯实了表演的基石。由浅入深，由小品—片段—独幕剧—多幕剧，循序渐进，成绩斐然。

在“话剧百年”的颁奖典礼上，我们的恩师胡导老师荣膺国家嘉奖。熟悉他的人都知道，他是一个充满童真童趣的超级“戏痴”，带领我们在夜自修课上肆意释放表演天分，他蹙眉吸烟、凝神屏息、天马行空、“胡”导“乱”演，极大地激发你的表演欲，点燃你的热情，令你亢奋以至情到深处物我两忘。加之他往往夤夜又带领弟子们翻越学校铁门，续演惊险一幕——这已成为“上戏”众所周知的一道历史风景。如此执著的师

向舞蹈家石钟琴学习西班牙舞和芭蕾舞

生，如今怕是难以觅得了。

客观地讲，我班似有些阳盛阴衰，十几位男生中高手如林，不乏出类拔萃者：焦晃、杨在葆、李家耀、张先衡、张名煜、杜冶秋……阵容空前齐整，个个独当一面。真佩服老师在招生时慧眼识才，能在千把号人中筛选出肥瘦美丑、行当齐全的各色人等。若干年来，不少业内外人士喜将59届笑称为“传奇班”，一个班级成批地培养出优秀人才，形成一个人才高地，确实带有传奇色彩。还是班主任胡导老师说得中肯、实在：“如此出类拔萃，‘空前’是肯定的，至于‘绝后’，目前不敢断言。”

我在班里算得上是最勤奋、却不是最出色的，老师当时对我的评语是“想的比做的好，写的比演的好”。揣摩这话的“言下之意”，就是说我的表演还有很大提高的空间。之所以至今还记得这句话，是因为我常常拿它来鞭策激励自己，力求在表演上不断进步。说实在的，此生我除了演戏，别无建树；至于唱歌、主持和朗诵等，虽名声在外，毕竟不是主业。不似学兄杜冶秋、李家耀、向能春等“演而优则导”，分别执导过多部话剧、影视和戏曲作品；卢若萍、关源滋、王德纯等更是育才有方，培养出奚美娟、王诗槐以及陆毅、瞿颖等一批新人；王家驹不仅桃李满天下，还培养王小帅子承父业，为影坛输送了一位新生代导演。

更让人感动的是，1959届男女同学从毕业迄今，心无旁骛，专心致志在舞台或银屏上打拼，无一另谋他就。故此，大款一个没有，腕儿倒是不少。比如，焦晃就荣获过诸如“全国优秀话剧艺术工作者”等多种荣誉称号，理所当然地成为我们之中的领军人物。

如今，每次走过华山路上的“海园”，我都会深情地多瞧两眼，因为它记载着萌动的青春、同窗的友情、教师的恩泽、美好的憧憬；更见证了从生铁锻造成锰钢、山石雕琢成璞玉的过程。我虽无力穿越时光隧道回到从前，但50多年前的印象历历在目，幻象中恍然重见当时那群意气风发的青年才俊，施施然从上海这所最高艺术校园中鱼贯而出！如今，胡导老师虽于2013年作古，但他在耄耋之年仍孜孜不倦地徜徉于戏剧理论中，每日笔耕不辍的精神，仍然激励着我等年届桑榆的老“金童”们，依旧初心不改，不离不弃，在艺术的天地里上下求索，于落日余晖的辉映下越发壮美和绚烂。

回望“海园”，似一位饱经沧桑、铅华洗尽的妇人。她伫立风中，默默地守住清贫和寂寞，执著地守望着属于她的那片天空，无怨无悔地向人间播撒暮色的芳菲。

1961年电影《51号兵站》的宣传海报

《51号兵站》中的“小老大”

说到我的“代表作”，绝大多数观众会首先想到让我一夜成名的《51号兵站》。

这部1961年由海燕电影制片厂出品的影片，描写的是抗战时期，新四军青年干部梁洪奉命到上海，以封建帮会头子门徒“小老大”的名义做掩护，恢复因叛徒告密而被敌人破坏的地下兵站，机警沉着地把根据地急需的军用物资巧妙运出的故事。由于这部影片的特点是戏份均集中于男性演员身上，故而被戏称为“和尚戏”。尽管没有耀眼的美女，但一帮优秀男演员的出色表演还是获得了极大成功。无论最初首映，还是“文革”后复映，都取得了上佳的票房。最近，为纪念世界反法西斯战争胜利70周年，《51号兵站》重又播放，依然拥有颇高的收视率。

《51号兵站》之所以具有经久不衰的魅力，与拥有坚实的生活基础分不开，其素材来源就是影片编剧之一张渭清的亲身战斗经历。当年他曾是新四军第一师后勤部军需科科长，奉师长粟裕之命来上海开展兵站工作。吴淞曾是他战斗过的地方，他经常出没于鱼行和米市，剧中不少情节都是他亲历过的。这一点，在影片放映不久，从当时主持国防科委工作的张爱萍同志在接见主创人员的座谈时，得到了进一步证实。

2015年为纪念世界反法西斯战争胜利70周年，经典抗日电影《51号兵站》再度上映，为此制作的新宣传海报

影片的背景：其时正值“皖南事变”不久，蒋介石停止了对新四军的一切武器和物资供应，日寇更加紧了对抗日根据地的封锁。要扭转这种局面，唯一的出路就是冲破日伪封锁，自我装备。张渭清经过种种努力，与敌寇斗智斗勇，终于在抗日战争的烽火岁月中开辟了一条上海通往苏中的地下补给线。正是在其间发生的一场场紧张曲折、险象环生的“虎口夺食”殊死较量，孕育出了这部以男性角色为主的《51号兵站》。可见好影片离不开坚实的生活基础，是张渭清们的英雄事迹，塑造了“小老大”的光辉形象，并让影片赢得了“十七年电影”中最具传奇色彩军事惊险片的赞誉。

《51号兵站》筹拍期间，正值“三年自然灾害”，电影战线同样执行“收缩政策”，不可能为之“砸大钱”。这就被逼着，只能在质量上狠下工夫。海燕厂负责创作生产的副厂长徐桑楚读过剧本后，十分看好这个题材，因而把它列入l961年的“开锣大戏”。

徐桑楚决定把这部戏的导演重任交给刘琼。虽然此时刘琼从演员转为导演不久，但已先后执导了故事片《翠谷钟声》、儿童片《两个小足球队》、喜剧片《乔老爷上轿》以及戏曲片《宋士杰》和《女驸马》等，导演技巧日趋成熟，而且艺术路子宽广。更为重要的是，抗战期间刘琼没有离开过上海，曾冒着风险积极参加爱国进步影剧活动，对“孤岛”时期的社会生活相当熟悉，而该片恰恰描写的又是那一阶段发生于上海的事情。况且，刘琼又是资深电影演员出身，艺术实践颇为丰富，能为演员提供表演上的依据与指导。

同时，徐桑楚动用了一批知名演员，在片中扮演大小配角，用他的话说，不惜把海燕厂的“看家班底”都押了上去。罗列一下，看看阵容的强大：有1925年就进入电影界的第一代电影演员、早期电影“武侠明星”、

在苏中根据地，政委（孙道临）向梁洪（我）布置地下工作任务

被誉为“影坛雄狮”的张翼；有1931年起从事话剧表演、以“袖珍小生”驰誉影坛的顾也鲁；有自抗战起活跃于舞台与银幕、擅长扮演军人（尤其是海军官兵）形象、“演一个像一个”的高博；分别饰演地下党方面的领导人老杨，打入伪巡防团的宋先生，以伪军政要身份出现的吴明。

敌伪方面，日军情报处长龟田、情报科长马浮根、巡防团长黄元龙三个大配角，由“老资格”的李保罗、李纬、邓楠分别饰演；就连纯属“跑龙套”的角色，如只在“拉场子”宴席露一下脸的帮会头子金老太爷，只在提取无缝钢管时点头哈腰、张嘴结舌的五金店老板，只有一个“是”字台词的王情报员等，也都是由陈述、阳华等资深演员和著名译制演员毕克担任。

刘琼确实不辱使命，从开始剧本创作到后来实际拍摄，乃至片名的设定都煞费苦心。投拍时片名叫《地下运输兵》，刘琼总感到不够吸引人，很一般化。拍摄过半时，他在摄制组发起征集新片名活动，多数意见倾向改为《虎口拔牙》，但刘琼仍觉得不满意，认为缺少文学性，提出“最好带点悬疑色彩”的要求，于是有了《503号兵站》。最后，还是刘琼一锤定音，把数字简化一下，干脆就叫《51号兵站》。

最初，当听到让我演主角梁洪的时候，我简直不敢相信自己的耳朵。记得演员组宣布名单的那天，海燕厂几乎炸开了锅——在楼道里，我被大哥大姐们簇拥着，接受他们的祝贺。说实话，我真的有些懵了，心想进厂未满一年，“馅饼”竟毫无征兆地砸到了我的头上。要知道在当时起用新人担当第一主角，新中国成立以来可是头一遭啊！特别是浏览了剧本后，吓得我冷汗直冒。梁洪是个集战士、特工和帮会成员三重身份于一身的人物，这对于一个毕业不久、初出茅庐的电影新人来说，实在是严峻的考验，当时我的心情只能用“诚惶诚恐”来形容。

与我演对手戏的李纬、高博、顾也鲁、邓楠、李保罗等都是我的父兄辈，张翼、黄耐霜更是自无声片起就驰骋影坛的宿将。试妆时，化妆大师乐羽侯在我年轻的面庞上左描右摹，可是化妆后的脸仍被笑称是一只“剥光鸡蛋”，急得乐大师双手一摊，满脸无奈。我与李纬扮演的敌情报处长站在一起，宛如“老鹰捉小鸡”。可见我当时面临的挑战是多方面的，既要迅速把握人物的精神气质，又要尽快适应电影表演的特性。

导演刘琼敏锐地觉察到我所承受的压力，为了给我减负，挑选了几场重点片段进行排练，将剧本“立”起来，让演员“动”起来。据同事们说，这也是前所未有的。排练汇报后召开的座谈会，更让我终生难忘。徐桑楚说：“很高兴发现了一位可以与老演员并驾齐驱的年轻人！”赵丹说，要演活梁洪，送我8个字——“静若处子，动如脱兔”。孙道临则主动请缨扮演仅两场戏的政委一角，以示对新人的扶持。那晚我彻夜未眠，既被那些温暖的话语感动，又深感肩负责任之沉重。前辈们“金玉良言”式的指点，被我恭恭敬敬地录入创作手记，几乎成了我拍摄期间朝夕对照的座右铭。

为了熟悉生活，尽可能了解当年上海沦陷时的社会背景，在开拍前，我还随主创人员会见了当年的商贾名流，甚至去提篮桥监狱探访。饶有趣味的是，那些昔日狐假虎威、胡作非为的帮会头目，见到我们这些“仪表堂堂的干部”，以为是调查他们的劣迹来了，个个噤若寒蝉，说话唯唯诺诺，唯恐有些许差池。在那样的尴尬氛围下，我们也不便刨根问底，只得适可而止。当然要说收获也是有的，就是一些旧上海浅显的帮规礼数，这些都悉数用到戏中去了。

我的手记中还有一条外人难以理解的口诀：“胸微欠，手横甩，行八字，忌挺直”。这是什么呢？原来是戏中“小老大”那身招牌式长衫的穿

与伪巡防团团长黄元龙（邓楠）初次会面

梁洪和地下党接上了关系

说服朱副官（任申）协助运送钢管

吴明（高博）与梁洪商量对策

着要领。至今记得，当我第一次完成化装造型，穿上长衫戴起礼帽，怀着既激动又忐忑的心情往试衣镜里一瞧时，顿时凉了半截——这哪里是梁洪？分明是《家》里被迫拜堂的新郎官觉新啊！我顿时明白，片中人物的精神面貌和生活习惯与自己相距太远，我必须加紧补课，迅速缩短与角色的距离。

对我而言，穿长衫如何行得飘逸、坐得潇洒，委实是个新课题。对此，李纬不厌其烦地向我传授要领：如何含胸甩臂、撩袍挽袖。于是乎，我们在摄影棚里就演练开了——在众目睽睽之下，两人一前一后踱起方步。我起先还有些怕人笑话，但转而想到一切为了角色需要，也就心安理得地大摇大摆走了起来。上述“12字口诀”就是这样在练习中产生的。

在摄影棚里，着长衫戴礼帽地尾随在李纬身后亦步亦趋，这还只是从外形上寻找人物的感觉。在形体动作之外，要准确把握人物内在的精神气质就更难了。记得戏拍了一个阶段后，有一次讨论样片，高博严肃地对我说：“梁洪敲门参加党小组碰头会，大妈开门，你大摇大摆扬长而去，像少爷对待下人，精神面貌不对头。”一语中的。闻此言，我犹如五雷轰顶，意识到精神面貌不贴切，将会前功尽弃。

该剧作者张渭清也语重心长地开导我说：“地下工作依靠两条，党的观念和群众路线。”听此言，又如醍醐灌顶。是啊！我应紧紧抓住梁洪与老百姓鱼水情深的关系，哪怕一个过场镜头也不能放过。于是我连夜将梁洪在剧中所接触的人和事详尽地列了一张表，找寻准确的人物关系和应有的态度。通过这些技术性的操作，我从中理出了头绪，像是攀援着两根绳索逐渐向人物靠拢。

对于片中“鸿门宴”一场戏，我至今记忆犹新。在这一场戏中，我扮演的“小老大”为了能够在上海打开局面，巧使范金生的大徒弟、伪吴淞巡防团长黄元龙出面，替他请客“拉场子”。在宴会上，敌情报科长马浮根用帮会中的黑话盘问梁洪，梁洪沉着冷静，对答如流，始终未露破绽。从此梁洪在上海立足，打开了吴淞口通往苏中根据地的交通要道。

当时由于年轻，我对旧社会的酬酢应对一无所知，更甭说戏中“拉场子”那种劲爆场面了。我甚至连大鸿运酒楼也没去过，尽管同事们多次绘声绘色地给我讲述，可我脑子里依然呈现不出1943年上海酒楼的景象。

说来凑巧，拍摄期间正逢上海市召开第三届青年代表大会，我有幸成为青年代表。一天在任选午餐饭店时，“大鸿运酒楼”赫然在目。起初我只是想借此机会实地勘察一番，可就在我进入酒楼的瞬间，一个有趣的念头闪现了：何不借此机会体验一番，来个“梁洪设宴”的假设！上得楼来，只见宾客云集、侍者穿梭，一种奇特的“主人翁”感觉促使我招呼陌生朋友入座，以极大的热忱与他们周旋……别人还以为遇见了热情过头的代表呢。

凭着这种情绪记忆，在导演和老演员的引导下，我完成了“鸿门宴”的拍摄。这场戏原先拟处理成剑拔弩张、杀气腾腾的场面，尤其“盘问”一节，梁洪甚至蓦地起立，向马浮根反诘黑话，席间弥漫着浓烈的火药味，这正是惊险片的常规演法——紧张、炽热，也有助于刻画梁洪深入虎穴的英雄性格。但大家反复研究后发现，如此纵有剧情奇峰突起之利，却不乏人物矫揉造作之弊。试想一个从苏中小城乍到上海的年轻商人，以“卖老”的姿态现身，不仅难以取悦座上客，反会平添马浮根的疑窦。而这场戏的目的恰恰是要解除敌人对梁洪的怀疑，取得合法身份。加之从我本人的气质考虑，也必须从“硬碰硬”的窠臼中跳将出来，反其道而行之。于是就有了当时有问必答、对答如流、谈笑自若、绵里藏针的表演，让马浮根领略到“硬碰软”的“拳击棉絮”之苦。按照这样的角色定位，

我在表演中努力体现梁洪谦而不卑、活而不浮的气质。但从完成后的影片看，那种“外弛内紧”的非常精神状态仍嫌不足，尚缺乏内在的威慑力量，这是我至今深以为憾的。

在此再说说拍摄接近尾声时的花絮。随着与角色贴得愈来愈近，摄制进展也愈来愈顺利。不料，就在拍摄“梁洪伫立机帆船头，胜利返航”这一组最后镜头时，竟遭遇意外险情。那天上午，摄制组来到吴淞口外江面上实拍，当时只有我一个演员。应摄影师的要求，拍摄前把机帆船与海军巡逻舰绑在了一起。准备就绪后，我走上机帆船，刚刚站定，突然江面上风起浪涌，冲得机帆船与巡逻舰相互猛烈碰撞。为了避免舰体受损，连忙将机帆船松绑，军舰掉头驶回基地去了。因为没有了依托，机帆船立刻失去控制，在巨浪猛烈推动下顺流直行，向着江北方向飘去，眼看就要撞上江面巨大的浮筒。就在这千钧一发之际，船老大沉着应对，及时拨转船头，使船身从浮筒边一闪而过，躲过了这一灾难。我先是不知所措，继而在庆幸大难不死之后，这才想起早晨为了赶来拍戏没吃早饭，这只机帆船又是临时租来的，我连船上人的话也听不懂，只得孤独地苦苦忍耐。茫茫大海，巨浪推涌着机帆船漂来荡去，一直熬到下午15:00，才重新回到吴淞口外的拍摄点。当远远看到站在码头上焦急等待着的制片主任时，我真像见到久别重逢的亲人一般。为了抢时间拍戏也顾不得吃饭，我又重新潇洒地站到机帆船头，一气呵成完成“胜利返航”的镜头，定格为风度翩翩的“小老大”标志性形象。从此，这一称呼一直与我相伴。

如果说“小老大”是个孩子，那么由呱呱坠地算起，至今也有半个多世纪了，我也由“小老大”成了“老老大”。那么多年来，无论走南闯北，人们都爱用剧中人的称谓来招呼我，好像彼此相识相知似的。可见，一部优秀影片、一个英雄人物在观众心目中的印象往往能超越时空，它所产生的精神力量是难以估量的。

梁洪完成了任务，胜利返航

上影厂拍摄《蓝色档案》期间，我与向梅、叶世康在奉化山路上合影（1980年）

《蓝色档案》里塑造“李华”

《蓝色档案》由上海电影制片厂摄制于1980年。说来令人唏嘘，从《51号兵站》到《蓝色档案》，其间相隔了差不多快20年，我已经从青年向中年迈进了。

故事发生在东北某敌占区，日寇投降前夕，日侵华情报官冈田曾密藏了一份叫做“蓝色档案”的长期潜伏特务名单。国民党政府为挽救败局，特令军统特务头目王洲、赵康搞到此名单。我党为彻底粉碎敌人的反扑阴谋，迎接全国解放，指派党的地下工作者沈亚奇偕李华以银行家及其下属的身份潜入敌人心脏，围绕着“蓝色档案”与敌人展开殊死斗争。然而，一切周折与斗争却中了冈田的金蝉脱壳之计，到手的原来是一份假名单。沈亚奇毫不气馁，穷追不舍，终于在冈田随身佩带的一把长剑里找到了真正的“蓝色档案”。时间紧迫，刻不容缓。沈亚奇和李华等驱车冲过敌人的哨卡，奔向接头地点，而赵康已率重兵赶来。为了让战友携“蓝色档案”安全脱险，沈亚奇将顽敌引向绝壁，最后献出了宝贵的生命。

看过影片的读者，或许通过这段故事梗概会重新想起那些鲜活的镜头。片中，最主要的正面人物就是沈亚奇和李华，前者由向梅扮演，后者由我扮演。得知我们这对“组合”后，有人打趣地对我说，“这回‘小老

大’与史秀英接上关系了。”——向梅曾在《保密局的枪声》中扮演过史秀英，我曾在《51号兵站》中演过梁洪（即“小老大”），这两个银幕形象在当时可谓家喻户晓。这次，向梅扮演的沈亚奇是我的上级，以女经理的身份出现；我则作为她默契的得力助手。此刻，旁人打趣的一句戏言引起了我的深思：人们对“小老大”的印象太深了，如何使“李华”的表演区别于“小老大”梁洪呢？通过采访和案头分析，我深切体会到，从本质上讲，他们确实有共性：都是年轻的地下工作者，有着极强的组织观念和群众观点，都属于充满“第二计划”（即在一种外在行为掩饰下，达到另一种真实的内在目的）的角色。相异之处是李华是银行职员，行多于言；梁洪是帮会老板，唇枪舌剑。

我想，我的表演必须体现出“共性寓于个性之中”，要让“李华”的人物个性明显有别于“小老大”。于是，在李华办理银行业务时，我努力表现他文质彬彬、应付自若的外貌，但又绝非唯命是从，做到“活而不浮”。在他提取蓝色档案的过程中，则试图突出他英气勃勃、身手矫健的风度，但又绝非简单鲁莽，做到“勇而不鲁”。我想如果把这个人物“文”“武”两个方面的表演幅度拉大，性格色彩就会显得丰富鲜明，李华也就不会成为第二个梁洪。李华特别吸引我的，还在于他在全剧中没有一句豪言壮语，他对组织的忠诚、对敌人的仇恨、对正义事业必胜的信念，全都倾注在他智勇的行为里。他通过眼睛、形体，把丰富的内心世界以及蕴藏在心底的美好语言都倾吐了出来。行多于言的角色是适合于电影表演的，它给予表演以更大的自由，但对我也提出了更高的要求。

“十年浩劫”带给我心灵和身体上的创伤，使我在塑造这个人物时遇到了一些困难：十几年脱离业务，形体上发生的变化，加之在干校时右腿胫腓骨骨折……所以影片中李华“夜入战管所”和“古庙取档案”两场戏

《蓝色档案》剧照，我和叶志康、唐克在一起

▎李华以银行职员的身份作掩护，进行地下斗争

▎李华为了维护王洲（唐克），出手猛击其干儿子王占魁（沈光炜），赢得了王洲的信任

▎我与曹铎、周志清在政法学院外景地拍摄

所要求的敏捷形体动作，对我都是考验。记得开拍前，有位好心的同志曾劝我:“这类跳跳蹦蹦的角色让年轻人去演吧，我们中年人该演些有深度的人物。”我笑而不答，因为我心中有一个意念:要抓紧时机创造几个有深度的青年银幕形象，借以偿还“动乱”里被贻误的青春！这是我对自己提出的挑战。

至今记得拍摄中的一些难忘细节。比如，在宁波天台山国清寺拍摄前，出现了让人十分尴尬的意外。本来，剧组开进寺庙后，我们被待若上宾，僧侣们难得有机会与一干当红明星近距离接触，所以表现得非常友好。可是突然有一天，制片主任急匆匆地对我们说，赶紧打铺盖走人吧，寺庙容不下我们了。再一问，才得知，不知是谁多嘴，无意间向哪位和尚做了“剧透”，说到剧中的重要情节是军统特务把绝密文件藏到了寺庙里。这还了得?居然污蔑我们认敌为友，与敌特沆瀣一气，说我们寺庙暗藏敌人？一怒之下，不由分说把我们轰赶出庙，一时让剧组好生为难，却又奈何不得。不得已，只好收拾家当，转战他处，移师苏州某小庙。这回制片主任左叮咛右嘱咐，要大家吸取教训。那还用说，大伙自然默契配合，个个变得很谨慎，绝口不提剧情。好在打打杀杀均为夜戏，发生在僧人熄灯之后，总算阿弥陀佛，拍摄得以顺利进行。

《蓝色档案》剧情惊险，其中还有不少飙车戏。要是放在现在，弄一大堆豪车拍“飙车戏”也不是难事，该撞就撞，该毁就毁，而且无论什么牌子的车都弄得到。那时可难了，车子本来就是稀罕物，再说根据剧情需要，还得指定车型，非得弄一辆旧上海的别尔克轿车。那是20世纪三四十年代的“时尚款”，现在假如到网上去查询，还能查到周恩来等领导人坐的这款别尔克小轿车，图上面标得清清楚楚1941年产于美国。我们当年拍摄所需，就是这款现在堪称“经典老爷车”的蓝色别尔克。这是一件贯串

全剧的重要道具，可是到哪儿去觅呢？毕竟已经进入20世纪80年代，那款车型，可是40年代的呀。制片主任上天入地的打听寻找，就是无处可觅。后来经过“地毯式搜索”，终于在某部队大院发现了一辆陈旧的美式别尔克。几经交涉，以新车与其置换，赶紧拖回来喷成蓝色，远远看去很像一回事。但因年久失修、机械老化，加之刹车不灵，似一位整过容的长者，稍一劳累即显疲态。于是去外景地大连，只得享受特殊待遇——托运先行，道具部门视之为重点文物保护对象，轻易不让行驶。

说到大连，还有个小插曲。当年女儿小菁5岁，乃学龄前儿童，我在外景地特别想她。鉴于我的戏份基本杀青，同时也想减轻妻子的压力，经制片同意，拜托剪辑师葛海娣把小菁“托运”来大连。葛告诉我说，这孩子特乖，跟着她一点也不认生，船上大人几乎个个呕吐不止，唯她吃睡不受干扰。那天清晨，我去码头接她，她高兴地扑到我怀里，令我好生感动。在大连的日子里，没有通告时，我带她四处逛逛，父女俩在组里度过了一段温馨时光。同时，她也成了扮演沈亚奇女儿的封莉姐姐的玩伴，两个小女孩趿拉着服装组的高跟鞋，满屋子疯跑，给枯燥的外景生活增添了一抹亮色。

影片中有几场很惊险的“追车”场面，需要我们在很狭窄的拍摄空间里表演。那时我们的车技属于“临时抱佛脚”水平，再说开的是老爷车，既要想着车技，又要想着表演，何况开在悬崖边上，怎么能够做到游刃有余？后来在剪辑时，有人就诟病我们“不够悬”。这当然说得对，可是在那样的条件下，我们容易吗？不要说我们不容易，摄影师也不容易啊。记得很长一段山路上，为了“同步拍摄”，我们“开”的别尔克和摄影师、导演一干人马被安置在一辆20吨的平板车上，摄影机就架在前车的玻璃吸盘上。那时的技术哪有现在那么发达，摄影机可是剧组最昂贵的家当，怎

▎银行柜台前笑容可掬的李华

▎山路追击中，李华不幸中弹

▎二人佯装亲密，躲避敌人眼线的监视

▎李华向沈亚奇汇报突发情况，谋求对策

▍李华与沈亚奇（向梅）商量对策

么保证拍摄中不让摄影机从吸盘上掉下来？这可让大伙伤透了脑筋。由于会拍到转弯的镜头，摄影机的稳定性更不好把握，于是照明师傅李沛江自告奋勇俯在前车身，时刻护着机器，小心翼翼，视若宝贝。当时，就是在比较“原始”的条件下，我们完成了种种惊险镜头。

记得有一阵子，老天也很不帮忙。很多镜头需要去浙江奉化拍，但剧组到了那儿，竟连遭风雨，甚至迎头赶上了倾盆大雨。见状，只好打道回府。直到第三次，老天爷才赏脸，不再风雨交加。早上上山，到山上已近中午，赶紧投入拍摄，生怕一拖时间就进入了黑夜。拍摄中，有一幕记忆尤深：向梅在“追车”时，一边保持着身体平衡，一边对敌人开枪。子弹虽然是空弹，可枪却是货真价实的。一个娇女子，再怎么英雄豪杰，毕竟不是舞枪弄棒的料，而向梅又是执著于“戏比天大”的好演员，所以很投入地进入角色，在急速驰骋的车上扣动扳机。然而，在运动模式下，很难掌控其间的尺度，扣动扳机后产生的后坐力一下子把她的脸给撞伤了，顿时血流满面。暂停后，我们一个劲地问她，疼吗，疼吗？当然疼，但她咬紧牙关。咋办呢？是立刻送她下山就医，还是临时处理伤口见机行事？大伙都揪心地望着她。

此刻，但见向梅露出坚毅的神色，让化妆师给她擦拭血迹，补妆，继续拍！她说，假如我下山就医，大部队只好停下来等我，这是一笔多大的开销啊！你看，到了这样的时刻，她想到的不是自己的安危，而是集体的损失。对于我们这些敬业的影人来说，并不觉得那是什么豪言壮语，而是自然而然的由衷之言。想到现在一些“明星大腕”动辄豪车保姆伺候，吃不了一点苦，反差何其大也。

当年没有“颜值”一说，换作今日，肯定要称向梅为“颜值爆表”了。遥想当年，她一袭黑丝绒旗袍、一双高跟鞋、一串珍珠项链，外加一

把檀香扇，玲珑有致，气质典雅。正如剧中人物美国情报部汤姆逊所言，俨然是个东方美人。当时我们曾被人称为“美女加帅哥”的黄金组合，与她演对手戏十分舒服，合作也非常愉快。只是出于剧情需要，沈亚奇和李华一直被一层暧昧关系所笼罩，给外界造成的印象是女经理爱恋下属男职员，而沈、李正好利用这层保护色开展工作。问题是作为演员诠释角色，必须有一处捅破假象显露真迹。导演同意我的观点，嘱我自行寻找释疑节点。最后被我找到了：在紧张的山路追车中，沈亚奇被敌击中背部，李发现后急切地唤了声“大姐”。仅两个字，将他们的战友关系揭示得清清楚楚明明白白，胜过万语千言。

欣慰的是，这些苦没有白吃。影片公映后，好评如潮，观者如云。在1981年的上半年，仅上海地区就放映1700余场，观众逾199万人次。在当年，与其他影片如《天云山传奇》和《白蛇传》相比，属于名列前茅。

《小城春秋》里的一方绣花手帕

当《蓝色档案》进入后期配音时，有一天，曾与我在《51号兵站》中合作过的上影厂摄影师朱永德找到我，问道："你读过《小城春秋》这部小说吗？福建电影制片厂最近想拍他们第一部故事片，锁定了这个题材。他们征询过专家的意见，属意于你担任该片的男主角，谢晋导演也认为你是合适的。"

高云览先生的长篇小说《小城春秋》非常著名，早在20世纪50年代就脍炙人口。这个富有传奇色彩的劫狱故事和他塑造的英雄儿女——吴坚、剑平、四敏、秀苇、吴七、书茵等，为广大读者所称颂。福影厂首选将这个发生在厦门的革命斗争故事搬上银幕，是独具慧眼的。我几乎未加犹豫，就欣然答应下来。

尔后，我就怀着仓促上阵的心情，挟着小说和剧本，踏上了赴闽的征途。为了尽快投入创作，我想利用途中时间埋头阅读。不料，当同车厢旅客获悉《小城春秋》将拍成影片时，纷纷围拢过来，如数家珍地向我讲述小说中的人物原型，故事发生的地点，"三大姓"宿怨的始末……这么七嘴八舌地一解说，让我对福建当年的社会风貌和风土人情有了初步的了解。同时，他们自豪的神情感染了我，也更增添了我的信心。车到鹭岛，

沐着仲秋的月色，我第一次踏进了海上花园。驱车于厦门海堤上，近处碧水澄澈，远处集美巍峨的建筑，令人心旷神怡，多美的月夜啊！面对如此秀丽的景色，新的创作欲望被海风吹拂得炽热起来。

我是最迟向摄制组报到的演员。抵厦门后，即参加市政协、文化局为我们召开的座谈会，听取了有关当年斗争情况的介绍，拜会了作者夫人白碧云女士以及高云览好友张楚琨先生等。我饰演的男主角吴坚，是根据小说中吴坚与四敏部分素材塑造的“合成人物”。他外柔内刚、洒脱坦荡，既有对旧日同窗、结拜弟兄赵雄由亲变仇的敌对关系；也交织着与昔日情侣、如今误入敌营的书茵的感情纠葛。他的身上凝聚着诸多优秀品质：克敌制胜的机敏，强抑真情的坚毅，领导越狱的胆略，牺牲自我的精神……扮演这样一个20世纪30年代革命知识分子的典型形象，我是忧喜参半，唯恐自己的阅历和表演水平不足以表现人物应有的气质和风度。好在有前几部电影中广受称颂的地下工作者形象“打底”，心里算有点底气。

如何传神到位地塑造男主角吴坚的形象？通过采访和讨论，我决意将吴坚的基调定为“平和、内在、深沉”。导演罗泰十分赞同我的看法，和他商量后，决定删改剧本中一些见棱见角的台词，增添一些感情色彩的片段。又讨论：如何能在突出“劫狱”中心事件的同时，在不增加太多篇幅、不添大段台词的前提下，相应加强其间的戏份呢？我提出最好增设一件贯串全片的道具，借以渲染男女主角关系的变化以及情感的跌宕。这个建议得到了创作人员的一致赞同，福影厂厂长吴彤责成我尽快拿出方案来。

3天后，我谈出了设想：增设这样一件贯串全剧的“道具”——手帕。在表现吴坚与旧日情侣书茵爱情跌宕的过程中，要让这方手帕穿针引线，成为不可或缺的道具。我的构思是4年前，书茵曾赠予吴坚一方绣花手帕以表爱慕；吴被捕后，与书茵在敌侦缉处相遇；入狱途中，吴掏出手

▍吴坚被叛徒出卖，被捕前的瞬间

▍越狱前，吴坚与战友在一起，左为张志强与朱广沪

帕——此乃回忆的契机，同时提出了对身处逆境的书茵的质疑；赵雄安排书茵劝降吴坚时，吴以手帕为话题，明示了对书茵的不信任；在弄清书茵援救出于真心后，吴又用此帕为她拭泪，求得对方谅解；最后吴坚跳崖，剑平猝不及防，把吴坚鲜血染红的手帕交还书茵，继续烈士未竟的事业……大家被我这初步设想激动了起来，相继互为补充。美工师王月白当即提出手帕应绣荷花，寓意“出污泥而不染”，这也是书茵当年坚贞品德的写照。剧情中有这样的桥段——4年后，恋人邂逅，吴坚对书茵提出“今日荷花仍出污泥而不染吗”的疑问；当吴坚拒绝书茵援救时，通过短短一句“想不到荷花也会染上污泥”，表明彼此相隔了不可逾越的屏障。在排练中，扮演赵难的赵之涟更丰富了这一细节。建议吴坚说罢此话，索性将手帕置于桌案，还给书茵，书茵痛心地抓起；及至吴弄清原委后将手帕从书茵处索回。至于手帕的归宿，在拍摄过程中，我考虑到还是由吴坚递给剑平包扎伤口，吴跳崖后，剑平将手帕归还书茵，这样更为自然些。于是这件经过集体智慧哺育的道具逐渐获得了生命，形成了影片中所表演的“赠帕、忆帕、还帕、索帕、归帕”，一系列曲折的由信物演变为遗物的完整过程。

我想，这也得益于我在“上戏”的正规教学，老师向我们多次强调的俄国著名作家契诃夫的名言深植脑海：如果一个剧本在第一幕的布景里，墙上挂着一柄腰刀，到最后一幕就得让刀出鞘。要不然，那就是柄多余的腰刀，一开始就不应该挂上去。可见道具是为了揭示人物命运而存在的。《小城春秋》中的这一方手帕，正是学习和借鉴了中外优秀文艺作品而诞生的。

拍戏时，一开始并不顺利。扮演书茵的徐佳音是福建泉州市的一名文艺爱好者，从未上过镜头。我初见她时，只觉得她非常腼腆，还发现她有些躲着我。后来，她的女伴透露说：“梁老师，她一见您就心慌。您是大演

赵雄回忆昔日友情，企图拉拢、动摇吴坚

吴坚在思考

吴坚痛心于书茵的变节

越狱的时间临近了

受伤的吴坚让战友舍弃自己，与大部队会合

员大明星，有演出经验，又比她年长好多，她担心‘配’不上戏……”听了这些话，忆及20年前初上银幕时，自己在老演员面前的惶恐心情，还有导演刘琼、老演员孙道临、高博等同志悉心帮助的情景，我觉得有责任帮助小徐打消疑虑，消除隔阂。在正式开拍前的一个阶段，每天晚饭后，我主动邀小徐等一些年轻同志外出散步、聊天，生活中开始建立友谊，在排练中也就自如多了。

不过我发觉，虽然小徐很用功，但由于对电影艺术的生疏，不太懂得交流和判断的重要性，在演戏时，该有眼神接触时，我却发觉她目光游移，不够专注，这样演出来的戏就缺乏感染力。于是，我就想方设法启发她。在一次排练中，我故意把戏演反了：书茵拿来薛嘉黍的字条，按剧本规定的情节，应是吴坚怀疑，拒而不受，我却演成见到字条十分高兴，问如何配合她进行越狱。小徐因我的“突然袭击”怔住了，旋即调动了素有的适应能力，她环视四周，悄悄地告诉我下一步的打算……从语言的速度到动作的节奏，都有真实的即兴表演，致使导演和现场观看的同志都拍起手来。经此几试，她和我的配合渐入佳境。

影片中扮演剑平的张志强是北京电影学院表演系的学生。为了演好剑平，他在溽暑中练拳习武从不叫苦。小张在拍摄剑平背负吴坚的一场戏中，为了获得真实的自我感觉，硬是一遍又一遍地背着我，高一脚低一脚地行进在坎坷的山路上。在拍摄吴坚咬剑平的镜头时，他还要求我真咬他，以使戏更显逼真。对他满含泪眼的要求，我颔首应允了。实拍时，彼此的感情都比较真切，导演表示满意。拍完后，小张衬衣上有一摊血迹，旁观者都以为是我真把他咬出了血，忙去抚慰他。检查之下才知道，我因怕咬痛小张，并未用牙齿直接触及他的肩胛，而是使劲咬住自己的嘴唇，以至咬出了血水……小张感动地抱住我说：“你太爱护我了!”我淡然一

笑，能够帮助青年演员演好戏，也是我的责任。

这里说一说对吴坚跳崖前的处理。当剧情发展到山崖这边是同志们奔跑过来援救我，另一边是敌方阵营围拢来追捕自己。若双方遭遇，火并势在必然，死伤不说，越狱之举将前功尽弃。在此千钧一发之际，吴坚决定跳崖明志。当然这是瞬间的，也是艰难的抉择。如何处理？是艾青的诗《我爱这土地》给予了我启发——

为什么我的眼里常含泪水？

因为我对这土地爱得深沉……

我把它处理成噙泪毅然告别战友，掉头纵身跳崖。也许更深沉，也更能迸发出人性的光芒。

当然，电影作为综合艺术，光靠演员塑造形象也是不够的，还需要依靠很多幕后英雄的劳作。难能可贵的是，福建电影厂在设备不全、无摄影棚的情况下（监狱是在厦门大学室内球场搭的景），只花了两个半月时间，就拍竣了这部《小城春秋》。尤其可喜的是，这个在1958年建厂后拍了许多新闻纪录片的福影厂，第一次拍故事片就获得了极大成功。影片一上映，即引起轰动，尔后红遍全国。该片除为福影厂带来荣誉外，还取得了不错的经济效益。当时一般影片，中影公司收购也就30多万元，而《小城春秋》卖了80万元。这个价格，在当时的国内电影市场可谓天价。

由此，继《51号兵站》和《蓝色档案》之后，我的“地下工作者三部曲”画上了一个漂亮的句号。

挑战自我演奸雄

有些观众对我扮演奸臣形象一直耿耿于怀。在他们心目中，我应该是永远的“小老大”，正面人物，英雄形象，雄姿焕发，堪为偶像。这不但是观众们的“共识”，曾经一度，也是我的自我定位。而打破这个定式，要从向梅的那次“牵线”说起。

向梅是我的老同事、老搭档，合作过的品种最为齐全。1962年，在话剧《战斗的青春》中，我演区委书记胡文玉，她演腐蚀拉拢胡的特务小鸾；1980年，在电影《蓝色档案》中，她演地下工作者沈亚奇，我演他的助手李华；1982年，在第一部电视单本剧《人之初》中，她演女校长陶培英，我演她弟弟、教子无方的陶成义（此剧荣获政府“飞天奖”）；1986年，在电视连续剧《金蔷薇》中，她一人分饰三角，我演以苦肉计诱降的唐克。向梅表演大气含蓄，气质高雅，待人真诚，在生活中是低调而随和的人。

20世纪80年代后期，有一天她给我一个剧本，影片的片名叫《东厂喋血》。故事说的是明末天启年间，熹宗皇帝醉心木雕，不理朝政，东厂提督大太监魏忠贤勾结皇帝奶娘客氏，趁朝廷日益腐败之机，与杨涟为代表的东林学士之间展开的激烈斗争。故事虽然精彩，但据向梅说，导演属

魏忠贤定妆照

意于我的角色竟是大太监魏忠贤。我几乎只犹豫了片刻，便毅然决定，不接。心里还想，倘若让我主演正面人物杨涟，尚可商谈。

该片由长春电影制片厂拍摄，担任副导演的正是向梅的姐姐武豫梅（向梅姓武）。那天，向梅对我说，她姐姐武豫梅导演已经来到上海，要与我聊聊。我心想，即便拒绝人家，礼数还是不能失，聊聊就聊聊呗。人家毕竟是看得起你，好意我领了。于是，我订了一辆出租车，直奔向梅家。

那年头，出租车不像现在这样到处都是，而要提前预订。为了方便来回，我特意让出租车司机在外等候。心想寒暄一下加委婉拒绝，大抵用不了太长时间。哪里想到，武导可不是等闲之辈，口才与情商皆好生了得，说着说着，居然让你不好意思立马走人。见状，陪伴在旁的向梅出外把等候我的司机叫了上来，给他倒茶让座，让他耐心等待。

武导太会说话了，而且说着说着，直捣我的软肋。她说，为何不找你演那个正面人物杨涟呢？因为全国优秀演员中，能够演这个角色的一大把，而魏忠贤这个角色却很难找，他伟貌奇才，忠奸莫辨。我想，你演了那么多的戏，基本上都是在正面英雄人物里面兜兜转转，几乎没有饰演过这类反面角色。这是你拓宽戏路、挑战自我的一次机会，何不趁机改变一下自己？

拓宽戏路、挑战自我——这的确是我的软肋。作为职业演员，谁不想能够胜任各种角色呢？做偶像演员容易，做性格演员难。或许，这真的是一次良机？于是不禁想到在国际影坛享有盛誉的英国演员劳伦斯·奥利弗，谁能辨别深沉的哈姆雷特和暴戾的理查三世孰优孰劣呢？还有李纬，既将阴险毒辣的马浮根刻画得入木三分，也把憨厚耿直的许茂演得栩栩如生。为什么自己竟望而却步呢？主要是怕砸、怕输、怕失去观众。想到这

些，面对武导的循循善诱和滔滔不绝，我的拒绝“初衷”有点动摇起来。果真是“知姐莫如妹”，向梅一定估计到姐姐是不会善罢甘休的，笑吟吟一隅端坐，静静地听着我们谈，不插一句嘴。她适时端出早已备就的甜点，一人一盅，包括司机在内。只见武导口若悬河、眉飞色舞、滴水不沾、滴水不漏。谈话进行了两个半小时，大概那时的氛围把我带入太深，居然以我的全败告终，被她说动，本该归还给她的剧本又被塞回手中。向梅此时不失时机地帮了句腔:“要不，再考虑考虑……”姐妹俩的性格居然如此悬殊！事后，我不止一次追问:“你们是亲生姐妹吗？”答案竟是肯定的。

回程途中，我沉默无语。半晌，伶俐的司机转头对我说:“看来，这个角色是非你莫属啦！”我这才知道，他刚才坐在边上没有闲着，一直在听我们的谈话，与我共同经历了这场马拉松的会谈。我自嘲地摇摇头，这辈子似乎还没有这样的经历——短短时间内，居然完成了从抗拒到接受的转变。

从那天起，整整三四个月来，我几乎时时徜徉于故纸堆中，贪婪地从字里行间搜索魏忠贤的轨迹。

“魏忠贤——伟貌奇才，万恶之魁。”《祷机闲评》

“宦官操纵群臣进退，盛于刘瑾而极于魏忠贤，魏私党遍于天下，高踞万人之上，俨然是皇帝模样。以一个宦官而竟如此，在历史上确是空前绝后的事。”《明代特务政治》

史书上对他的记载大致相同，从上面两段可窥一斑，只是有的略作演义罢了。我对他的认识是一个不安分的政治家，在朝廷中企图干出一番惊天动地的事业。他的不安分表现在排除异己，为夺取最高权力廓清道路的野心。那么，如何塑造这个艺术形象呢？导演的阐述是“善面，偶露峥

▍魏忠贤与熹宗皇帝（陈伟）

▍魏忠贤与客氏（李瑛）阴谋策划篡位

▍魏忠贤与杨涟（杜雨露）针锋相对

嵘，反角正演，假戏真做，塑造一个奸雄形象。”

由此，我就渐渐进入了奸臣魏忠贤的角色。我反复琢磨，觉得这个似忠似奸的角色不应该是肤浅张扬的，而应该是口蜜腹剑、老奸巨猾的。很多坏事，他不屑于亲力亲为，而是努努嘴、使使眼色就做成了。他敏锐、敏感、敏捷，处变不惊，临危不惧，具有超人的自制力，偶尔也有失态的一瞬。他一贯面带笑容，这是在人前的保护色和一层面膜，而一旦独处，则阴沉、冷漠。这样人物才显得立体，如果把他刻画得脸谱化，就失败了。我还设想了魏忠贤的“习惯动作”——捻佛珠。他表面上是个道貌岸然之人，所以手捻佛珠较合他的身份，而这个动作和“盘算”有异曲同工之妙，以此暗示他一刻不停地在运筹、算计，又像在超度自己，显得心机很深。

我把对人物的理解与何可人导演沟通。何导是长影对古典文学颇有研究的资深导演，我们一见如故，十分投契。他不止一次在组内外说，找你来演，是找对人了。我真有些受宠若惊。此刻，武豫梅却鲜少露面，忙于副导演负责的一摊杂事去了；偶尔现身，也是面带梨花三分笑，娴静得像默默绽放的腊梅。想想也是，她的最重要任务是说服我接下这个角色，她已经做到了，自然可以刀枪入库，马放南山了。

在征得导演同意后，我将所有锋芒毕露的台词梳理一遍，改为语调平和或语涉双关。导演还进一步提出了大胆的设想，增写一场“庭审魏忠贤”的戏，要大张旗鼓，大动干戈，要大排场、大阵仗，做足工夫，调足观众胃口。我一听来了劲，答应承包庭审的台词。

这里有必要“显摆”一下。之所以胆敢“承包台词”，还得归功于我的戏曲功底。因为我即刻想到了京剧《法门寺》中“贾桂念状”的那一幕。想当年，一些京剧名家亲自示范《法门寺》贾桂念状的大段念白，我在“上戏”就曾得到京剧名丑艾世菊的亲授，那可真是撼人心魄，令观众大饱耳福，将现场气氛推向高潮。我想，假如让奸臣魏忠贤在“庭审”时“情真意切”地一气呵成，一定会让这个人物形象更加丰满。果不其然，当魏忠贤慷慨陈词，说自己对朝廷如何忠心耿耿、毫无二心，并以“告老还乡”的悲情演完苦肉计后，熹宗皇帝不但不再对他有疑，反而对他进一步信任，矛头直指杨涟。他的“以退为进”妙计成功。

我要求导演这场戏“连拍分用”，以几个长镜头连贯拍下来，方便后期剪辑。我清楚地记得，拍摄中，我气息连贯、由徐渐疾，一口气将“74个字陈述”掷地有声地抛出。事后我很感慨：我能够调动多种表演手段，在自己的艺术实践中巧妙借用，得感谢戏曲对我的熏陶。

角色塑造的是否成功，这原是见仁见智的事。值得欣慰的是，观众对我的转型还是认可的。远的不谈，且说2013年秋天，我在上海思南公馆参加一个“名家名篇”的朗诵活动，一位中年听友特意来到后台与我合影。交谈中，他突然说：“《东厂》的表演令我难忘。”我当时没听清，以为他说的是汽轮机厂或工业缝纫机厂，因为我下放劳动或演出的工厂很多。他又复述了一遍，“《东厂》——魏忠贤。”我惊喜地问：“你看过《东厂喋血》？”“看过，好的东西需要时间沉淀。”这句语重心长的话，包含了观众对演员创作的肯定，勉励我从“地下工作者专业户”的藩篱中跳将出来。

演员创造角色像极了母亲孕育生命，十月怀胎，一朝分娩。孩子一旦脱离母体，独立于社会之林，与母亲保持血缘加朋友的关系。无论经常或偶尔被提及，都是母亲的骄傲——这也许就是演员职业的神奇魅力！

“错失”的角色

演员错过心仪的角色，成为一生憾事——这是发生在很多著名演员身上的事。历史就是这样充满偶然性和戏剧性，有时候甚至会改写个人历史。这里说几件我曾经“错失角色”的轶事。

1963年，天马电影制片厂决定投拍根据沈西蒙等编写的话剧《霓虹灯下的哨兵》改编的同名影片，由新中国一代女导演王苹（曾执导过《柳堡的故事》和《永不消逝的电波》）和天马厂葛鑫联合导演。

当时南京前线话剧团演出该剧，在社会上曾引起巨大反响。为了提高影片质量，更能体现海派风情，王苹提议：演部队的一拨演员阵容依旧，涉及上海滩的角色拟改由上影演员担任。4位人选和角色分别是尤嘉（林媛媛）、孙景路（林乃娴）、梁波罗（罗克文）和向梅（曲曼丽）。

王苹深知凭一己之力无法使舆论信服，遂提出4位人选和角色各选一段相同的戏码，由话剧和电影演员各拍一条胶片，送呈上级领导审查甄选。用眼下的话，就是PK一番，让银幕效果做出判断。

于是，我们被召集来按此办理。记得摄影大师黄绍芬对此一丝不苟，借4号棚一隅试拍起来……据葛鑫说，送审的效果，上影演员从形象、气质到表演皆占优，但结果却迟迟未见揭晓。某天，导演王苹忽将我等召集至延安饭店，宴请大家吃了顿丰盛的晚餐。席间，肯定了4人的表演，并不无愧疚地宣布：鉴于种种原因，决定演员不作变动，感谢大家的配合，期待今后再合作。记得她还对我一句台词的处理印象深刻（依稀记得好像是“一言难尽啊”之类的感喟语句），握住我的手说：“我会永远记得！”从她恋恋的神情看，似乎确有难尽之言。是什么致使这位军中女导演的设想“胎死腹中”呢？流传版本甚多，一种说法是由于这几个角色中的某些演员与编导乃至高层有着非同一般的关系，因此固有框架难以撼动；另一个更为冠冕堂皇、令人不容置疑的理由：沿用1963年7月29日在怀仁堂毛泽东主席观看的原班人马。或许，两个版本合起来解读更能识得其中况味。反正这一切轮不到我们费心，只有付之一笑，与角色擦肩而过。

另一件轶事发生在1978年。长春电影制片厂准备拍摄根据小说《战斗在敌人心脏里》改编的故事片《保密局的枪声》，导演常彦。制片主任张兆瑞先期来上海敲定演员，男女主角分别是我演刘啸尘，向梅演史秀英。当时，我恢复工作不久，正准备参加刘琼执导的影片《沙漠驼铃》，演个配角——地质工作者范志杰。张主任说，这不碍事，他此刻是前期采景，落实演员，剧本从结构到内容尚需修改，估计我从《沙》片下来正好接上。听罢此言，我自然喜不自胜，对于阔别银幕12年的我来说，似乎感到艺术的第二春即将来临！

时隔不久，《沙漠驼铃》筹备已就，准备开赴乌鲁木齐出外景。一天，张兆瑞匆匆赶来找我，说情况有变。长影当年经济状况吃紧，厂方决定《保》片必须立即开拍，以便扭转颓势，即使黑白片也要上马。故此他急来与我磋商，动员我辞《沙》上《保》。我一听，当时就断然回绝说，这是不可能的。其一，《沙》是本厂任务，长影属外借；其二，刘琼是我恩师，他复执导筒后的第一部戏将我重招麾下，我岂能一走了之？再者，

以我对刘导谦谦君子的性格推断，若果真请辞，他绝不会强留，然而这种有悖于职业道德的自私行径，必为业界所不齿。张兆瑞见我言之凿凿，态度决绝，在沪踯躅数日后，遂作最后一搏——向“生产办”提出借人，自然以遭拒而告终。离沪前，他只说了两个字:“遗憾。”嗣后，1979年我去长影拍摄《瞬间》时，常彦导演还邀我看了刚剪辑完成的“对白双片”。一看之下，冷不丁心中同样冒出两个字:“遗憾。”

人们常说，电影是遗憾的艺术，这包含着演员对创作或角色的不足之憾，也包含着对角色的错过之憾。话说1979年，我拍摄长影的《瞬间》，在红旗街长影招待所，与康泰住在相邻房间。当时他正在主演常甄华导演的影片《苦难的心》。我见他每日瘦身健体，询问之下，始知他正在为北影新片《第二次握手》做准备。那是个他十分心仪的角色，剧本是根据“文革”中流传颇广的张扬同名手抄本改编，故事在群众中有广泛影响。康泰当年已52岁，要扮演苏冠兰，有大量回忆中的青年戏份，他很担心年龄与角色过于悬殊，故此健身不懈。

《瞬间》拍摄过半，一天在走廊遇见康泰陪同一位穿白大褂的中年男子，介绍之下，才知道对方是北影化妆师孙鸿魁，专程由北京来长春为康泰定妆的。几天后，这位化妆师来敲我房门，询问我年龄和档期等，并直言不讳地告诉我，由于康泰年龄偏大，贴了7条纱（当年化年轻妆流行贴纱，将面部皮肤用纱往后牵引，贴于后脑发根处），效果虽然有，但对表演肯定会产生一定的制约。几天观察下来，他觉得我演苏冠兰也许更合适，他已向导演汇报了，有意让我试试。

不几日，孙鸿魁由北京来电，传达董克娜导演的意见：趁我《瞬间》杀青返沪之际，绕道北京与董克娜、谢芳面洽。我答曰容我想想。于是我想了几天，眼见康泰为了这个角色已然这么拼命，我要是从中插一杠子，岂非横刀夺爱？再说我们私下关系不错，一起蹲过“羊棚”，更理解这个角色对他的重要，我不想为了一个角色伤害兄弟情谊……于是心意已决，便以我已接本厂《蓝色档案》，没有档期为由，婉拒之。其实当时谈不上“没有档期”，只是接触过该片的导演，正在待命之中而已。当然，在康泰面前，我自始至终未提及此事。

1985年元月，中国电影表演艺术学会在广州成立，全国影人相聚羊城共襄盛举。期间组织观摩、研讨，是业内人士的盛大节日。未曾料想，康泰却在会议过程中，因突发心脏病而撒手人寰，生命定格在伏地伸手求援的那一刻，彼时，离房门仅一步之遥。事后有人说，康泰“死逢其时”——几乎所有出席会议的同仁都参加了他的追悼仪式，堪称“死后荣哀”啊！经常听有些演员说，我宁愿倒在舞台上，说的是为艺术献身。康泰的“另类谢幕”虽是极大的不幸，但何尝不是一种“幸运”。

……

当然，错过的角色何止这3个。此生最大的遗憾莫过于被剥夺了亲近文艺的那12年韶华岁月。如若不然，纵使我每年仅参演一部影片，至少也可以奉献12个银幕形象，在缤纷的银河里漾起阵阵涟漪……遗憾，构成了真实的人生。漫漫人生路，不可能步步顺遂。得之坦然，失之泰然，错过的风景如过眼云烟。人生如戏，戏如人生，谁能说得清呢？得失从缘吧。

《小足球队》剧照，吴安和小队员们在一起

《瞬间》剧照，石峰与贺延声（黄梅莹）这对情侣相逢在西子湖畔

《向海洋》剧照，小洪在海上

《子夜》剧照，雷鸣与林佩瑶（程晓英）旧情复炽

《沙漠驼铃》剧照，地质勘探队员范志杰在大漠中

《梨园生死情》中的曹祖庵

《浣纱女的传说》剧照，范蠡与西施（吴海燕）

《女画家的前半生》剧照，欧致达与杨玉莲惺惺相惜，高歌《芙蓉是我魂》

▎《豪门惊梦》剧照，我与台湾演员秦汉演对手戏

▎《情海浪花》剧照，与于兰和佟瑞敏演对手戏

▎在《百年振飞》中扮演梅兰芳

▎在《东坡三养》中饰演苏东坡（苏妻陈鸿梅）

舞台上的“事故”演变成“故事”

前文曾提及，我在“上戏”求学期间演出活报剧《友谊》时，正攀爬在“铁索桥上”，突然灯光暗转，令我一时不知如何在黑暗中落地，幸亏及时做出判断，方才转危为安。由是体会到，演出中，如何应对猝不及防的意外，这是对灵敏度和成熟度的考验。

这儿集中说几件“遭遇意外”的趣事。

20世纪六七十年代，除了拍电影外，一旦有档期，我们演员剧团的演员就会被安排参演话剧。我在话剧舞台上饰演过很多角色，如《战斗的青春》中的胡文玉，《年青的一代》中的林育生，《南海长城》中的靓仔，《星火燎原》中的陈子平等。第一件趣事，就是发生在《战斗的青春》中的“意外”。

当时，这部话剧特别受欢迎，我们在市府礼堂连演十几场，场场客满，然后又被安排“巡回演出”。“事故”就发生在镇江演出的舞台上。那年夏天酷暑难耐，遭遇从未有过的高温。那时不像现在处处有空调，再冷、再热都不怕，而是得凭毅力和体力“战高温”。当时，我饰演的反面角色区委书记胡文玉和其女友许凤有很多重头戏。当演到县委书记宣布胡文玉被撤职时，我演的胡文玉沮丧消沉，勉强送县委书记出门，而许凤这时就该进门，前来安慰劝导男友。可当时，我眼巴巴地等着许凤入场与我演对手戏，竟然迟迟不见其踪影。我脑袋“轰”的一声，心想不好！刚才演对手戏时已然有所察觉，对方似有轻微的中暑症状，会不会真的中暑倒下了？踌躇间，隐约听到后台“轰咚”一声，似有人倒地，然后传来频频急切的呼叫声：“二林！二林！”正是在呼叫许凤扮演者的名字。我情知不妙，看来许凤是出不来了。怎么办？我灵机一动，故作镇静，沿着剧中人的情绪，缓缓地走至桌前坐下，颓唐地用手支撑着颌面，表现出极度的绝望，灯光师将灯光渐暗，再压暗，慢慢收光……一切仿佛是“本来面目”，“神来之笔”显得天衣无缝。

回到后台，但见那儿乱成了一锅粥，大家都一筹莫展。这时医生来了，看了看二林的情况，说是中暑脱水了，赶紧喝水休息，让她缓过劲来。少顷，二林苏醒过来，挣扎着要站起来演出。医生和颜悦色地与她商量，是否休息半小时再上。于是，这边厢医生密切关注着二林情况，那边厢舞台监督在幕间休息时和观众抱歉地打招呼：由于演员身体原因，下半场可能要推迟半小时。这时候，观众特别的理解，他们不但耐心等候，而且在演出中看得特别专注，直至最后不息的掌声响起……

等到演出结束时，见到灯光师王士明师傅，我对他敏捷准确的反应大赞不已，对他跷起大拇指：“你太牛了！”他很高兴，也反过来“吹捧”我，说这次是“天作之合”啊。

演出中“满头大汗”或“浑身是汗”乃家常便饭，但如何在表演中不让这些“汗水”破了相、走了形，影响形象造型和人物表演，这是颇费工夫的事。我的特点恰恰是“镇定型”的，无论怎样“汗流浃背”，脸上没有汗津津的败相。这不但让别人“拍案称奇”，我也自鸣得意。我似乎天生具备这种定力，哪怕满身是汗，妆面始终干干净净。后来想想个中原

《南海长城》剧照，伙伴们责怪靓仔放走了“大光灯”，他一脸不服气（左为陈述、右为史久峰）

《南海长城》中民兵队长（王琪）在训斥靓仔

《年青的一代》剧照，林育生读亲生父母的遗书，泪流满面，后为林父（温锡莹）、林母（孙景路）和林岚（张小玲）

《年青的一代》林育生与夏倩如（吴云芳）

61版《战斗的青春》，区委书记（仲星火）在党委会上处分胡文玉，后为二林与江山

61版《战斗的青春》，胡文玉处于由革命向反革命的蜕变中，后为赵青（史久峰）

1978年由“上戏”教师与上影剧团联合演出《战斗的青春》，由我再次扮演胡文玉

沉沦堕落为反革命叛徒的胡文玉

因，是得益于我的“心静”。不是有句话说，心静自然凉吗？这也应了梨园界一句行话：“祖师爷赏饭吃啊。”

还有一次也是在20世纪60年代初，在徐汇剧场演出《星火燎原》。我在剧中演主角陈之平的B角，A角是孙道临。那天轮到我上场演出，不久又发生了“意外”。

话说那位在早年电影中以擅演各类“大侠”闻名的张翼，剧中演的是一个邻村猎户，戏份虽不多却很重要。张翼的服饰特点是身上披一块毛皮，以凸显猎户身份，而那时恰巧遭遇炎热的夏天，恨不得赤膊才痛快，所以一俟休息，他就立即逃到二楼凉快地去“避暑”了。他想自己是老资格、老经验了，“乘风凉”大概多长时间心里有数，所以不慌不忙地待在二楼凉快。哪知道，这回他犯了“自我感觉太好”的错误，到了规定时间，他应该出场了，竟然不见其踪影！舞台监督一看，连忙派人去找，结果在二楼找到他时，他竟以为是开玩笑，笃悠悠地说：“勿要搞了，我有数的，不会豁边。”明明已经“豁边”（出岔子），他还茫然不晓。舞台监督不由分说，连拖带拽把他拉到后台。

从二楼到一楼后台，平时走走不觉得咋样，但此刻是在演着戏啊！此刻，我的规定台词已经说完了，见状我不得已临时编词：“前两天下大雨，也许路滑，给耽误了……这时候，也该来了，怎么还不来呢……”诸如此类。此刻要是有个帮手，还可以一来一回多交流几句，多几个来回就能掩饰过去，可眼下是独脚（角）戏啊。我只能不断用一些“水词”延宕时间，尽量不让观众看出破绽。谢天谢地，正当我把浑身解数用完时，张翼大哥到场了。总算不幸中之大幸，演出顺利继续。还好，特别心细的观众或许会看出一点小破绽，但总体还显得蛮“光滑”。

另一场“意外”，可称为“道具之殇”。说的也是60年代的事，发生于演出话剧《南海长城》的现场。戏中，我饰演的“靓仔”经不起女特务“大光灯”的引诱，放松了警惕，立场不够坚定。而女特务用来诱惑靓仔的道具就是一块高级手表。记得演女特务的演员是李纬的夫人张莺，但见她在那儿“啵嘚啵嘚”讲了半天，就是不从怀里掏表。我可着急了——你不把表掏出来，怎么演下去啊？后来实在没有办法，只好用语言“你上次送给过我一块表……”蒙混过关。可是破绽是明显的，张莺是被这突发情况搞懵了，其实她当时“无实物”地假装塞一样东西给我，也可搪塞过去。事后一而再再而三地道歉，又自言自语地反复说：“怎么会犯这么大的错误呢？”我只能苦笑加安慰。其实对我道歉是其次，最要紧的是有愧于观众。再说李纬是我的良师益友，不看僧面看佛面，我能发火吗？说到李纬，年轻的读者或许不知，但老观众一看到他的脸，就会想起很多电影。不但夫妻双双皆为演员，他还是“电影之家”——他和弟弟李农、李志舆被并称为“沪上影坛三兄弟”。

无论是哪一种“意外”，作为演员，一定要尽可能避免，一旦发生，必须全力救场。前辈艺术家一再教导我们“戏比天大”，就是告诫我们，面对观众时，不能有丝毫的轻慢和懈怠。斯坦尼说：“不要在排练场上抖落肮脏的衬衫”，说的就是如何面对戏剧的神圣性。无论你在家里或单位里遭遇怎样的不堪和不悦，一到剧场，统统抛却干净。我国一代宗师梅兰芳对其大弟子魏莲芳说过：“演员一是不能回戏（临时撤演），对不住观众；二是台上出了纰漏要补台，不要拆台。”中外艺术大师阐述的是同一个道理：对于艺术，必须怀着一颗敬畏之心。

善良而坚强的母亲（1962年）

悠悠慈母心

莺飞草长三月天，

春光潋滟年复年。

睽别慈母十六载，

相见犹在梦里面。

小诗写于2007年，表达的是我对母亲的思念之情。母亲是我生活中最重要、最崇拜的人。她不仅赋予我生命，而且以身作则，教我如何处世为人。在我眼中，她是个超凡脱俗、善良而坚强的人。

母亲排行老二，除了大姨外，她家两支（外公纳妾）兄妹皆称其二姐。父亲排行第五，故母亲被父系亲属谓之“五嫂”。同辈中，五嫂是出了名的知书达理、识大体、顾大局的人，无论双方家族中任何一方发生纠纷，都会不约而同地找母亲斡旋——因为她不护短、不偏袒，往往能化干戈为玉帛，使众人心悦诚服。

在我稍懂事时，妈妈会对我讲《孔融让梨》和《程门立雪》之类，既讲故事又教成语。她所说的“乐善好施”、“施恩不图报”，也是对应身边实例，言传身教。据我回忆，父亲不仅将患青光眼的祖母赡养终老，而

且大伯的遗孀、一度离异的三伯母、被四伯遗弃的堂兄，都曾在我家落脚。母系中，除了外婆在我家颐养天年外，三舅和同父异母庶出的六舅，因风闻“上海遍地是黄金”的流言，也先后由西安来上海投奔二姐，盲目地掘金来了。尽管这些突发事件常令我家措手不及、应接不暇，但母亲总能说服父亲接纳下来。在20世纪四五十年代，政局动荡、谋生艰难的情势下，实非易事。反观父亲，在这方面表现得超常大度、宽容，以至奶妈也趁机让河南乡下的儿子玉坤摸来上海，在家里打打杂、干点零工，去影院当领位，借此母子团聚。五哥和五嫂一家的菩萨心肠名声在外，他们宁可克扣自己，也不亏待亲眷，从不索取回报，这是有目共睹的。

20世纪40年代中期，有件事我记忆尤深。那时我家尚住愚园路，一天妈妈被喊下二楼，在楼道里接听电话。没说几句她就瘫软在地，众人忙将她扶上楼来，半晌才缓过神来。原来父亲九妹的丈夫（空军飞行员）在执行任务时，撞上紫金山机毁人亡。噩耗有如晴天霹雳，当事人顿时乱了方寸。九姑父是为美国空军服务的，母亲通晓英语，因此从抚恤金到赔偿，从文案到谈判，所有善后她全程介入，陪同九姑去美领馆办理。几经交涉，据理力争，九姑终获理赔和赴美签证。此事更提升了母亲的威望，大家都赞她说，五嫂若非健康因素，准是个出色的文员，是个难得的优秀人才！

当时医生曾宣判她只有3年存活，不料她闻言反而越发忙碌了，加紧进修英文、学速记和中英文打字，还挥毫练习书法……她说：“既然我还有3年，就要开开心心，利用3年机会充实自己，乐享余生！”殊不知病魔在她的达观和坚韧面前节节败退，她非但未被肺结核征服，反倒日益健壮起来，10倍、20倍地超出了医生预料的生命极限。在当年能如此坚强，不愧为女中豪杰！她太想融入社会来证明自己了，遗憾的是一直到全国解放，

母亲是我生命中最重要、最崇拜的人

也未能实现这个愿望。

新中国成立后，父亲从大中华电影企业公司脱离出来，在该厂老板、香港娱乐界巨子蒋伯英的授意下，将上海仙乐舞厅一帮“洋琴鬼”——洛平大乐队引进香港，进驻荔园水上舞厅，并当上了“荔园”首任经理。原先的计划是他站稳脚跟后举家移港，不料抗美援朝战火骤起，他担心战乱致使家人离散，遂弃职只身返回上海。

回沪后，父亲一时难觅合适岗位，待业在家，日显“坐吃山空”的颓势。一天放学，我在有轨电车头等舱里，眼见他追撵着上了三等舱，只为节省几分钱。此刻，我始觉家境拮据的窘迫，虽然父亲从不在我们面前表露什么。从第二天起，作为就读生，我也挤在三等舱里去上课，“聚沙成塔”的道理我还是晓得的。

大约在1952年，父亲在大姨夫的带动下，一起南下广州，筚路蓝缕，在广州糖果厂学着去打理他全然陌生的新行当。为了照顾父亲，母亲和弟弟也先后定居羊城，仅我一人留守上海。1954年，由于妈妈的坚持，实现了她一直企盼的参加工作的夙愿，成了一名包糖计件的女工。从她来信中我感到，尽管学非所用，她不以为苦，反以为荣，认为以自己劳动换来的报酬，更能体现自身价值。自食其力是她一直梦寐以求的。她进步神速，不久就被评为生产能手。当时广州生产的柑粉夹心糖和柠檬夹心糖，在上海市场颇受青睐，是馈赠亲友的上佳礼品。每当我剥开透明玻璃包装纸，将黄澄澄的糖含进嘴里，别有一番异样的甘甜。也许正是因有一份母爱夹杂其间的缘故吧。

当年，很少通长途电话，大多以通信维系感情。我与妈妈是无所不谈，言无不尽的。与其说是母子，不如说更像是朋友间推心置腹的谈心，所以不少人说，我从外貌到性格都更像母亲，确实如此。

生活平实、平稳而又平淡地进行着，我完成了由中学到大学本科的学业，踏入社会，拍摄了我的处女作《51号兵站》。她当然十分振奋，眼见儿子弥补了她的遗憾（她自幼酷爱表演、无奈屈服于外公的威慑，而未能如愿），不时为我送来鼓励和祝福。包糖车间的女工们知道李亚男的儿子在拍电影，嚷着要她请客，她当众夸下海口：小组成员每人一票！总算盼到影片在广州放映了，不料盛况空前，一票难求，排几个小时队每人限购4张。她一下子傻了眼，要花多少天才能兑现诺言啊？但她说为儿子排队心甘情愿！看了影片后，在对新人一片赞扬声中，她的评价却惊人地冷静："看得出你是努力的，角色完成得也算称职。"仅此而已，没有过多赞誉，更无半句溢美之词。起初我有些不悦，但仔细想来，才体味到这是一种崇高而深沉的爱护。她是在我举步之初，激励我去攀越更险峻的高峰，去开拓更为广阔的空间。

1962年我返穗探亲，当我像她的战利品一般被姊妹们簇拥着穿梭于车间巡展时，我无言地微笑着，任凭她提出任何要求，无不一一遵嘱。作为母亲，她有权释放尘封近20年的自豪，毕竟，我是她的作品。

影片放映后，观众反应之热烈令我始料未及，我也一夜之间成为万人瞩目的新星。从此上街不再自由和方便，往往与认出你的观众不期而遇四目相接时，对方似被电击一般，反把我吓一跳。但当时人们对喜爱的演员表达方式较含蓄，更多的是驻足观望、窃窃私议，佯装逛街一路尾随，勇者也无非上前搭讪，索要签名。绝无时下一班青葱少年对偶像顶礼膜拜表达爱慕时，尖叫狂奔、围追堵截，甚至鬼哭狼嚎、呼天抢地等过激的出格表现，那时要文静、文明、文化得多。

最常见的方式是通信，来自全国各地的信件如雪片般纷至沓来，山区、矿山、部队、农村，由少儿到长者，无所不包，无奇不有。传达室大

年轻时的父母

全家福（1971年）

伯从开始一抽屉，后来索性用麻袋专装给我的信。我自然兴奋，嘴上不说心里美滋滋的。对于大量求爱信我一概不复，唯独对儿童、战士、农民、侨胞的信，出于尊重，总要抽空复一短函，以免伤了写信人的心。但因此也惹出不少麻烦：一位山东老乡接获回信后，挑着花生和小米之类的农产品，千里迢迢找来上海，与我称兄道弟，要我管他吃住；另一印尼女侨胞更是将当年短缺的油、糖寄我，我再三拒收后，居然亲莅上海，要求在青年会宾馆面晤。我不敢贸然赴约，不几日，对方竟然拎着大包小包找上门来了。其时正值剧团排练话剧《战斗的青春》，同事中叔皇和史久峰出面为我挡驾，诳称我出外景去了，方始打发走她。一时大家七嘴八舌为我支招，有人建议我索性从同仁中"租借"一如花美眷、携带襁褓幼婴慨然赴约，以断绝对方非分之想……所幸只是趣闻一则，未付诸实现。好在当年不兴"狗仔队"，"娱记"大多政治领先，不似当下的某些记者，捕风捉影，对艺人隐私津津乐道，对八卦新闻趋之若鹜，否则传将开去以讹传讹，后患无穷。

更离谱的是一位中年妇女言之凿凿地称，我是她失散经年的亲生儿子，因环境所迫转寄他人，如今坚决要求索回……我万分狐疑地向母亲求证。妈妈告诉我，这是观众企图得到你的回音所采取的手段，你当然是我亲生的，岂容怀疑！我还曾傻傻地手执"每日一封求爱信"向团组织领导汇报，因对方威胁说再不回信她将自尽。还有的信件在一番褒奖之后，竟祝我"永垂不朽、万古流芳"，让人忍俊不禁、啼笑皆非。

总之在这些光怪陆离的信件中，折射出人生百态，也迫使我这初出茅庐的青年在阅读中增长见识并日趋成熟。妈妈来上海看我时，腾出部分时间代我读信、拣信，帮我分析、研究，适时在我身边敲响警钟。她告诫我，对这些生活中的小插曲勿以为喜，自鸣得意，不应妨碍我将所有精力

投身于刚刚起步的事业，在关键时刻，为我指引航向。

在我兄弟俩事业沿着既定跑道加速起飞，在父母工作步入稳步发展的时刻，一场“风暴”突然来袭，无人幸免。在“欲加之罪”的年代，父亲一贯的乐善好施以及助人为乐，按“阶级斗争”的观点被解读为对工人施以小恩小惠，达到拉拢、腐蚀目的，成为他的罪行，无尽的游街、批斗，饱受非人的磨难，令人痛彻心扉。记得母亲曾在信中描述道:“见他在烈日暴晒下劳动，我的心在流血……”之后，很少再提及，大约是怕我伤心或牵连我的缘故吧。“四人帮”垮台后，父亲虽获昭雪平反，但积劳成疾，心力交瘁，终在1980年，被胃癌吞噬了生命。1980年暮春，我曾偕女去探视，那时他已骨瘦如柴、命悬一线了。我送他去医院吊针、化疗，陪了他几天。当《子夜》剧组发来通告，让我回组拍戏时，他一面催促我返沪，一面紧攥我手，双方都意识到这将是生死诀别！在一个滂沱大雨的清晨，我抱着女儿小菁蹚着水、噙着泪奔走在返沪的站台上，险些误了火车。

丧父后一个相当长的阶段，我们兄弟奋战在文艺战线上，皆有不同程度的长进。有时母亲会在电视荧屏上捕捉到我们的踪影，从中获得一丝慰藉。每当我因拍摄或活动有可能去广州，我都会故意在她身边多依偎、逗留几天，她总是烹制最拿手的豉油鸡犒赏我，看着我将鸡肉一块块送往口中。她那慈祥而苍老的面容常令我心中震颤，耳畔会响起《游子吟》中的古韵:“慈母手中线，游子身上衣。临别密密缝，意恐迟迟归。谁言寸草心，报得三春晖。”古今中外的母亲心同此理，概莫能外，都以其厚重而博大的恩泽庇护着儿女，是小辈倾其心力也难以偿还的。想着母亲独自承载孀居以及与我兄弟俩聚少离多的双倍孤单，真不知她是如何捱度的。但她在我面前说得最多的一句话:“我不寂寞，时间还不够支配呢。看，这是我的《英语学习》杂志，我一直坚持跟着电台学，有时还当老师，教邻居和中学生呢。”看着她坦然的神情，我一度曾真相信她是快乐的，被她善意的谎言所蒙蔽，我真傻！直到自己迈入老年，才真正体味亲情抚慰远比物质关怀重要千百倍，从而也更深切洞察了她的良苦用心：她是为了让我们放下对她的牵挂，一心投入毕生热爱的大事业，一心经营各自构建的小家庭啊。这就是我的母亲——一个平凡而伟大，慈爱而坚毅的女性！

在父亲故世十年之后，悄然进入她的生活并与她为伍的竟是另一场夺命绝症。1990年3月，她被诊断为卵巢癌三期并伴有轻度腹水。医生比对检验报告，对母亲的耐受力表示惊讶：如此巨大的痛楚她居然坦然承受！起初拟手术治疗，会诊后认为发觉为时已迟，决定保守治疗。我闻讯急飞广州探视，在弟弟家我们共度了她一生中最愉快、也是她临近谢幕的一段绚烂时光。

当我返沪与上海肿瘤医院联系后，决定将妈妈接来诊治。1991年早春，她回到阔别多年魂牵梦萦的上海。斜挎一小包，手提小行囊，除了因腹水而微隆的小腹外，她不像重病号，倒更似旅游者。沪穗两地医院意见相近，尽管过了最佳手术时间，手术又有风险，但对犹存的一线希望，母亲本人和我兄弟俩都不主张放弃，决定做最后的争取。

从她住进肿瘤医院的第一天起，她就与病区的医患打成一片，对病友嘘寒问暖。只见她春风化雨，从未见愁容满面，还不失时机地与病友切磋英语。我则谢绝一切邀约，专心致志地照顾她，陪伴她走完生命的最后一程。我每天骑单车往返于住处与医院间送汤送菜，履行儿子应尽的职责，借以减轻积压在心头的负疚感。而她正重拾信心，准备迎接一生中第三次与病魔的抗争（另一次是因追撵班车摔跤，导致胯骨骨折）——虽然已是75岁高龄。

事实是严酷的。手术虽然成功，术后也有过短暂的缓解，她顽强地抗过了手术的痛苦，尤其在最后的50多个日日夜夜，仍与医护人员紧密配合，不落一滴泪，不叫一声痛，依然热切地关怀着周边病友的安危，四病区都知道有位坚强的李奶奶。但毕竟积重难返，回天乏术，母亲于1991年3月31日凌晨与世长辞。遗憾的是她临终前目光散漫、神志恍惚，不及留下片语只言，令我们于悲痛中平添一份怅然。

整理母亲的遗物，除了几本《英语学习》杂志外，还有一本记事簿。意外地发现其中一页书写着工整的文字，原来是她在广州确诊癌症，准备接受手术前写下的遗言。

人生的路途总归有个尽头，我已超过70岁，不能算是短命了。虽然我知道现在手术很安全，医学很昌明，到底内脏里的毛病自己无法掌握，也许能平安度过，也许生命就此结束。

我不迷信，一切从简，骨灰撒向大江或平原，让我的灵魂自由飞翔。假如真的有灵魂的话，我将竭尽全力，庇护、保佑我的亲人，绝对不会加害于亲人。所以不要害怕。

我要求你们亲密团结，互相帮助。你们各人都有一个幸福的小家庭，我也就无牵无挂了。

不要悲伤，不要难过，天下的父母总要早走一步，这是人生的规律，任何人亦无法改变。保留我的照片，让小辈记忆中有我这么一个人！

1990·4·15手术前夕留言

1990年秋我赴穗探视慈母，在弟弟梁义家中

1990年岁末母亲在我家中等候入院治疗

手术后，母亲与我的最后一次合影

母亲在遗言中，以她的通达和知性，无须任何注解，冷静而完美地诠释了自己的一生。

弟弟梁义夫妇闻讯中止了外地的演出，日夜兼程赶来上海奔丧，为未能送她老人家最后一程而抱憾。

早年受过母亲恩泽、长我4岁的堂兄梁金城（长春第一汽车厂高级工程师、吉林省特等劳模）回忆道:“我4岁时，父亲将我母子抛弃，是叔婶收留了我。五婶非但未歧视我，而且视为己出，享受波罗同等待遇，使我获得缺失的母爱，在亲情中度过童年，对我日后自立起着至关重要的作用！”说他数十年来始终不能忘怀这份刻骨铭心的爱和那段美好的少年时光。

1991年4月6日下午，我们在龙华殡仪馆龙柏厅为母亲举办了追悼会。天公以瓢泼大雨，哀叹这位善良老人的离去。好友余志仁挥毫遒劲地写下“扶夫教子不愧贤妻良母，顽斗病魔堪称女中俊杰”的挽联，母亲的遗像微笑地镶嵌在鲜花丛中，典雅、华美、亲切，仿佛她暂离我们去异国远足。

令人特别感动的是影界同仁孙道临、舒适、李纬、凌之浩、于飞、凤凰、张莺、莎莉、嫩娘、吴海燕、徐才根、严永瑄等冒雨出席，剧团团长吴鲁生还亲临主持仪式。双亲的挚友陈延华医生父女、我的表演导师胡导、上海电视台刘文国、老教师宋连庠、上影厂工会、退管会、民盟支部以及肿瘤医院的医患代表、我爱人单位上海船舶检验局的同事以及在沪的亲友，都赶来为她送行。

50天后，我亲自搭乘班机将母亲的骨灰送往广州与父亲同穴，让他们继续相依相伴。

以后的每年清明，我和弟弟都会燃香秉烛祭奠父母。2002年10月，我去广东东莞拍摄电视连续剧《豪门惊梦》；2007年6月，我趁赴港参加庆祝香港回归十周年大型演出之际，两次绕道广州，偕同弟弟梁义夫妇一起拜祭双亲。2009年岁末，偕妻同赴羊城，专门去陵园祭奠，祈愿他们的灵魂在天国中自由翱翔。

难忘家事那几幕

2015年10月，是我与妻子刘君蓉结婚45周年——谓之“蓝宝石婚”。

我和她从相识、相交至相恋成婚，没有任何传奇色彩。说来也许你不信，在外界看来，似我这等偶像型艺人，居然是通过“介绍”方式认识的她。毋庸讳言，自从我“上戏”毕业公演开始，就经常收到观众的求爱信，从影以后更是情书不断，全被我束之高阁。我心无旁骛，决意将主要精力扑在喜爱的表演事业上。其间虽然接触过两三位异性，充其量不过是艺术交流较为频繁的“红颜知己”，始终没有真正意义的“女友”。

“文革”开始后，一切都被颠覆。此刻我环顾四周，竟悲哀地发现同班同学中，唯我这“金童”硕果仅存，至今未婚。当时无戏可拍，前景渺茫，一种寂寥感油然而生，终日无所事事地打发光阴。运动之初，当“逍遥派”阶段，一天我厂美工李文康关心我的生活状况，说他太太有个闺蜜贤淑有加，尚待字闺中，他夫妇有意介绍给我。若在此前，我定一口回绝。然时过境迁，再说对方一脸真诚，也不想拂人好意，心想见见何妨，遂爽快地答应下来。

犹记得刘家当时住黄陂南路，如今这一带早已被“新天地”所并吞。

君蓉排行老大，与两弟两妹共5个子女与双亲同住，是个融洽和睦的大家庭。她毕业于上海外国语学院英语系，供职于上海船舶检验局，知书达理、端庄大方，第一次见面即一见如故，与她及其家人竟毫无疏离感。一来二去，我很快成了刘家的常客，并明显地感受到了刘家上下对我的友善和关照。那时几乎没有娱乐活动，文化生活极其单调，我们的约会大多在刘家。每当夜幕降临，最快意的莫过于聊天了：对坐方寸阳台，笑侃天地人生，那是一段萧瑟而温情的时光。

谁知好景不长，不久事态骤然逆转。

1969年，由于我偶然间看到了“江青—蓝苹”的资料，莫名其妙地卷入了无妄之灾。先是作为“文艺黑苗苗”，继而作为“攻击伟大旗手”，罪名逐步升级。此时，我正与君蓉恋爱之中，这可如何是好？由于看不到乐观的前景，考虑到她家世代政治清白，家庭成员和亲友无一受冲击，为不至于因我牵连她，乃至累及家人，我决定中止这段感情。于是有一天，我鼓足勇气，嗫嚅着向未来的岳丈刘学琨讲出了我的想法。老人显然觉察了我的矛盾心情，沉吟少顷，他说：“我们觉得你蛮好，并没有其他看法和想法；至于你和蓉蓉之间的事，你们自己商量。不过这么重大的事，我看不要轻易做决定……”言简意赅，却是提醒我不要意气用事。在当时的恶劣情势下，老人能继续接纳而非拒绝我，给了我莫大的鼓励和信心。

1968年的冬天尤其寒冷，我穿着带有未来岳丈体温的蓝色毛领短派克，不时出入于刘家寓所。但这种“出入寓所”的行为，并不是兴高采烈、光明正大的，而是经常趁着夜色悄声上楼，以防好事之徒制造口实。特别难忘的一幕是，那天我和君蓉“默默苦度”我的30岁生日，除了我俩，没有惊动任何人。当她敲开一只鸡蛋时，两个黄蛋赫然在目——双黄蛋！橙黄晶莹，似乎预示着有什么好事即将降临。我们相顾一笑，似乎在残冬中捕捉到一阵暖意，困顿中萌生一丝希冀……

不幸的是好事未青睐，厄运却频频光顾。改造的日子漫长而难挨，我在干校劳动中不慎摔断了腿。这下可好，由于双亲都在广州，一直以来我都寄居朋友家，但骨折后打上石膏，不能动弹，吃喝拉撒全得靠人服侍，医院又不肯破例收留，真急得我六神无主，一筹莫展。朗朗乾坤，一个堂堂七尺男儿居然无栖身之地！怎不令人黯然神伤。陪同我从干校到中山医院的曹铎和我在医院反复商量，踌躇再三，最后不得已，决定先将我送到已迁居淮海中路的刘家——目前，这是我的唯一希望。

在人人自危的政治氛围下，多一事不如少一事，刘家愿收容一个既非亲属又是审查对象的伤员吗？亲友会怎么看？街坊会如何讲？带着这份忐忑，我们敲开了刘家的门。说明原委后，没有迟疑，刘家接受了我，令我在风霜雨雪中感受到拂面的阳光，终于觅得落脚之处。

近半年的康复过程中，我是在刘家住房本不宽敞的室内阳台搭置的小床上度过的。生活起居的所有杂务全由刘家成员承担，度过了一段一辈子从未有过的“饭来张口，衣来伸手”的日子。那阵子我时常对着天花板发呆，骨折发生前后触目惊心的一幕幕犹如片花频闪：雨帘低垂……平卧于门板，覆以薄膜，露出我惊恐的眼……奉贤干校……十条大汉轮流抬着我，跋涉在泥泞中的脚……返沪途中……我肿胀得宛如广口瓶的腿……冬日医院……一周后在X光手术台上，不上麻药，潘医生将错位的骨骼“手法复位”时，我的惨烈呼号以及医患如雨注般的脸……雨水……汗水……泪水……汇成起伏的心潮……一切来得如此突兀，唯有在这突发事件面前，人的良知才获得瞬间集聚，重现人性的善良。

我继而又想到，以往读小说、看电影，总希望主人公命运起伏跌宕，情节扑朔迷离，仿佛戏剧性越强越过瘾。而在现实生活中，大起大落、水

新婚时的我们

火两重天的日子是多么可怕和残酷啊！巨大的落差使人心力交瘁、难以承受，从而也越发感悟：平平淡淡才是真，奢望于对平实生活的憧憬……那段时光，也是我对刘家老少加深认知的绝佳时机，在我面前，他们没有丝毫蔑视或厌烦，使我在家人般的呵护下，以愉快的精神状态，促使伤势迅疾复原，直至站立、行走，重新迈步。

有道是“福祸相依”，我可算是因祸得福。这一跤似乎成了加速我与君蓉及其家人了解的催化剂。伤愈后，我们决定领证，登记处大姐一眼认出了我说：“结婚啦？33岁，表扬！”当时提倡晚婚晚育，我打趣说：“那我66岁来……”“那就要批评你啦！”彼此朗声笑了起来……

如今想来，当年，这种毫无防范的笑声何其珍贵，让人记忆深刻。

1970年国庆前夕，刘家大费周章，拆床垒桌地在家自办了酒水两桌，举办了简朴的婚宴。尔后，我夫妇于次日踏上去杭州的火车——旅行结婚，完成了婚事的所有仪式和过程。

婚后40多年来，无论顺境、逆境，她始终默默地支持我。尽管她甘于屈居幕后，有两点却是一以贯之的。其一，她永远是我所有作品最严苛的读者、听众和观众，同时兼任台词和歌曲的场外英语辅导。其二，无论我拍戏或在病中，她总是肩挑本职工作、家务以及培育女儿的重担，乐观面对，从不怨尤。

在此说两件小事“描摹”一下。

1978年，我在长影拍戏。她因白天要上班，故将3岁的女儿托付给一位宁波阿姨代领，下班后再接回家。有一阶段我在杭州拍外景，趁两天没有我的通告，遂向剧组请了假，回沪探望。为给家人惊喜，事先未通知。不料那天下午回家一看，家门洞开，邻居抱着女儿走了出来——原来妻子因劳累发烧已卧床两天了。见我突然出现，她才忍不住流下泪来。她是怕

▍1998年我60岁寿辰，我夫妻和岳父母合影

▍2012年8月4日，花园饭店为岳母百岁寿辰庆生

影响我拍摄进程，故此一个人扛着。我怀抱幼女，揽住妻子时，才真切体会到呵护一个家是多么不易，妻子付出了多少心血啊。

1992年我重病住院，她更是每天起早摸黑，4：30起身，晚上23：00才能上床。这期间，她一头牵挂着医院里的我，一头牵挂着家中的爱女，于是“医院一家”穿梭不停地来回赶。按理，这份恪尽职守的劳作会把她拖得筋疲力尽，而她竟然“精神抖擞”，人前人后均是如此。我知道，那是因为对家的热爱支撑着她，让她“底气十足”。

上影剧团同仁都知道我有一个外表柔弱、内心坚毅的妻子，每当剧团询问她“需要什么帮助”时，她总是摇摇头说“我可以”。她的顾全大局、通情达理，可说有口皆碑。

回望我们的婚姻中，没有甜言蜜语、海誓山盟，有的是风雨同舟、相敬如宾。夫妻之间的感情不是一袭涌来即退的潮汐，而是一股涓涓清泉，永远在相互信赖、相濡的答酬中流淌。

说了太太，自然要说到她的父亲，我的老泰山。故事不少，这儿特意说一说和他有关的一只镊子——这是我岳丈留给我的唯一纪念品。它当然不值钱，微不足道，但它承载了我对他老人家的怀念。这只镊子，正是疗伤阶段岳父给我的。那时家务都是自己动手干，岳父经常会戴上老花镜，用镊子为市场买回来的家禽除毛，一拔一个准，十分便捷。一次他见我用两只镍币在拔颈项的残须，就递给我一只新买的镊子说，就这只最好使。我随手接过，果然屡试不爽、百发百中。他说送给你，我有好几只。我收下后连声道谢。时光荏苒，尽管剃刀从单面刀片进化为转头刀架的双面刀片，后又升级为电动须刨；然而这只普通的金属镊子却伴随了我40多年，无论走到哪里，我都会随身携带。物件虽不值钱，但其蕴含的情义、赐予的恩泽却是无价的。就在岳父送给我镊子的那一年，当我伤愈后，与君蓉

▎祖孙三代共喂梅花鹿

▎携手相伴到老

结了婚，正式融入了他们的大家庭。

20世纪90年代，是刘家人丁最兴旺、也是最为热闹的时刻。每周日，照例的家庭聚会雷打不动。当一家老小围坐一起，是岳父最幸福的时光。殊不知，他为了这一顿饭，筹划最早，准备最多；而最先放筷、最早退出的总是他——好尽早腾出座位让小辈入座。他就是这么一位心里装着别人、极少考虑自己，令人尊敬的慈祥长者。他一生为人宽厚、豁达、真挚、慷慨，是个人缘极佳的好好先生。他在“华商电气公司”（今供电局）当了一辈子高级职员，一生忠于职守，与人为善，一人挑起抚养岳母及其5个子女的生活重担。我从未见他疾言厉色，大发雷霆，他总是和颜悦色，笑对人生。凡去过岳丈家的人，无不对他的热情留下深刻印象。他来者皆客不说，惯以咖啡款待——以往是煮，有了“雀巢速溶”后是冲，浓郁醇厚，香溢满屋。可惜，自他老人家辞世后，因无人主事，一周一次的聚会也逐渐淡化了。不过，每年一次的年夜团圆饭依然是全体盛装出席，热闹无比。

由于我的亲生父亲远在广州，所以岳父于我，就像亲生父亲一样，我对他的感情非常深厚。岳父晚年时曾义务服务于居住地区的侨联，侨眷们都知道他有一个当电影演员的女婿。逢年过节有联谊活动之类，只要他一声招呼，无论唱歌朗诵，我无不唯命是从。因为有善良的他，才有其女儿君蓉，才有我的贤妻和孝女。

说到女儿，免不了要记叙我“升格父亲”的那一幕。这刻骨铭心的一幕，发生在结婚第五年的暮春。

那天深夜，我刚迷糊入睡，就被一阵急促的敲门声惊醒。医院派人找我，附条上赫然写着:“胎心音有变，速请产妇家属来院。”我二话没说，抄起上衣骑车直奔医院。

3月的夜晚依然春寒料峭，加之情势严峻，更觉瑟缩。下午妻还好端端的，岳母特为她煮了碗鸡蛋挂面。吃罢，我才送她进的瑞金医院。傍晚，打点好病房中的杂务，我还陪她在院内草坪上漫步良久，夕阳西沉才和她分手。缘何事隔5小时，医院却火速召见呢？

当我满头大汗赶到医院时，慈眉善目的护士长已等候多时了。原来晚间查房时，她发觉妻胎心音过速，估计是脐带绕颈所致，若不及时取出，唯恐胎儿窒息于母腹中，而要剖宫产，须经家属认可、签字方可实施，因为手术不能排除一定的危险性……她言简意赅，和蔼而坚决。我虽明其原委，却对妻的剧咳深表忧虑。要知道，在20世纪70年代中期，国人提倡自然分娩，对剖宫产并不热衷，不似今日塞红包求医生择期取子成为时尚。当时，我要求与妻见面，但见她已是白衣白裤，脸色绯红。她镇定的神情给我增加了稍稍的勇气，但签字时手还是忍不住地抖动，那三个被我书写了30多年的字，竟然被我写得七歪八扭。其实，在护士长与我谈话的同时，医务人员已在消毒，一切手术准备皆已就绪了。当妻被推向手术室的瞬间，一种生离死别的感觉涌上心头，难怪老人说女人分娩好比脚踏生死关，尽管如今科学昌明，依然吉凶未卜啊，我为不能帮妻分担痛苦而深感愧疚。

接着，是手术室外的苦等。用“如坐针毡”或“热锅上的蚂蚁”来形容此刻坐立不安的心情，是再确切不过了。我忽而想象着室内的进展，祈求手术顺利；忽而又感喟起自己晚婚、晚育的遭遇，祝祷母子平安；忽而又为新生儿命名而冥想，为纪念母亲挨这一刀，决意为这迟来的小生命取“难请”的谐音“南青”或“南菁”。

突然，一声啼哭如春雷震响，划破了寂静的春夜，我猛地从坐着的台阶上跳起来——婴儿出世了！听那高亢嘹亮的哭声，我料定是个男孩，低头看表，25日凌晨2：50。我兴奋地将耳朵贴在门上，一切都归于沉寂，只感到自己心房的快速搏动。我恨不能破门而入看个究竟！须臾，飘来两个女护士的声音：“生了吧？”“生了。”“生个什么？”“跟你一样。”她们的调侃在我听来好似仙女在咏叹，传递给我妻已平安产女的喜讯。我当爸爸了！我抑制住狂喜的心情，等待着证实这个佳音。

不一会儿，护士抱着女儿施施然出现了，门内柔和的光影折射在她们的身上、脸上，犹如罩着圣洁的光环。小护士善解人意，体恤我初为人父的心情，特意让我过目：“女孩，6斤，很漂亮，恭喜了！”10个字组成的4句短语概括了一切。我却木讷地伫立着，在洁白的襁褓中，只见一张黑里透红的小脸和一头浓密的黑发尤为显眼。其时根本看不出像谁，更遑论漂亮了。当时，我既不敢抱她、亲她，也来不及呼她、唤她，只是在护士擎着她走进婴儿室的刹那，我才喃喃地呼唤了声：“南——菁。”

时间的流水冲刷去无数记忆的沙砾，然而每当忆及这几段刻骨铭心的往事，竟如昨日般明晰。

女儿南菁与两周岁的外孙女宋嘉忆，当年的小丫头现在已为人母

幸福的一家人

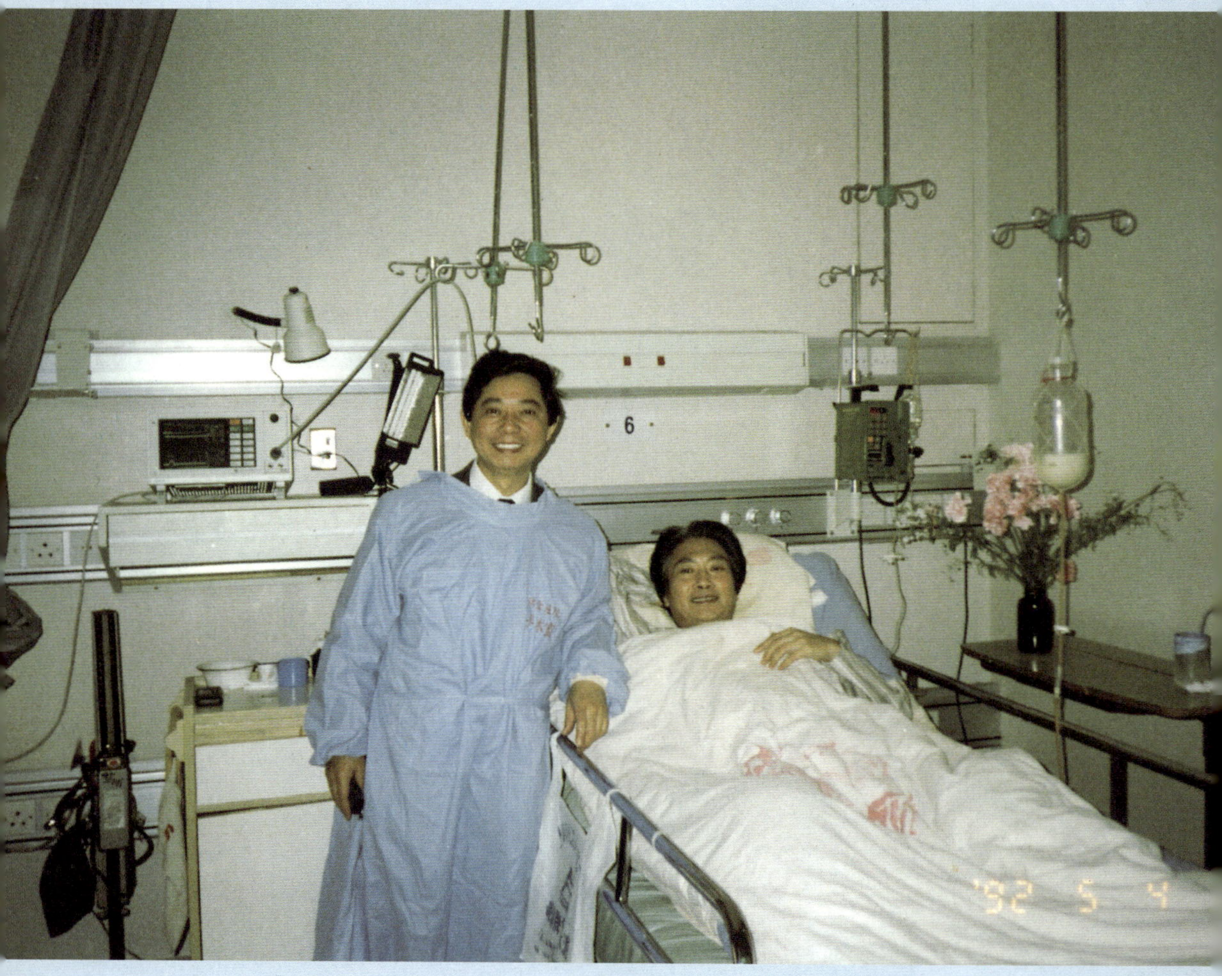

1992年5月抢救脱险后，瑞金医院院长李宏为与我在病房中。

穿越生死的42天

健康，当你拥有它的时候，它是最不重要的；当你失去它的时候，它又是最重要的。对健康的感悟，来自于1992年一场几乎不治的大病。

当我与艺术事业疏离了12年、重抄旧业之后，确实铆足了劲，四面出击：影视表演、电视主持、歌唱广播……总想多做些事，借以补偿被贻误的青春。1992年3月初，我由福建巡演归来，突发黄疸，由表及里，似黄表纸一般蜡黄。心想，也许在闽多食海鲜所致。检查下来，是黄疸型胆囊炎胆结石。此前胆疾也曾发作，总是3天一过就无大碍，而此次来势凶猛不同以往。电询瑞金医院院长李宏为，他闻讯连夜赶来我家，看了体检报告，二话不说，当晚就要我随车住院去。

第二天清早住进了瑞金医院。医生告诉我，尽管眼下我肝功能GPT指标飙升，根源在胆而非肝，黄疸是胆汁倒流造成的，当务之急是让GPT降下来，届时再择日手术，减少对我的伤害。果然，经过治疗，10天后黄疸消退，GPT骤降，一切似乎按既定方向发展。

一个星期天的中午，我心情不错，还吃了一点家里人带来的罗宋汤。但是，就在喝完汤的半小时后，意想不到的事发生了：我突然腹痛难忍，大颗大颗的汗珠直往下掉，痛得我甚至叫不出声来。经查，我的淀粉酶升

到了顶端，这是突发病变的信号！不由分说，院方决定立刻为我做手术。

第一次手术麻醉行将清醒时，迷糊中听到家人在我耳边絮叨，说手术是成功的，6颗结石连同胆囊一起被摘除了。待我清醒后睁开眼的一瞬间，被眼前的情景惊呆了：我躺在一间全金属结构的封闭房子里，到处都是器械，还有输液用的吊瓶，听不到外界的任何声音。除了医护人员，身边没有一个家人和朋友，我突然感到非常孤单和无助。令人疑惑的是，为什么这种普通手术却会被送到监护病房啊？

术后的治疗开始了，可谓一波三折，步步惊心。愈后，据妻子告诉我，当时已确诊病变为急性坏死性胰腺炎，必须要即刻注射一种进口药抑制病情。此刻，院方手中仅有病友转让的3天剂量，只能暂解燃眉之急，第四天必须续上，否则后果不堪设想。于是，妻急如星火地发动香港亲友四处寻觅。由于此药具有毒性，市面无售，最终在玛丽医院买到了这款药，并托人空运到上海虹桥机场。等到内弟拿到药时，已是第四天的晚上。谢天谢地，刚巧接续上！

如果说，买药带有一定的戏剧性，换药却是每天常态的早晚两次“体罚”，令人生畏。我的身上有8个因为手术而开凿的洞，医生清晨要用油裹的棉条不停地塞进这些洞里，傍晚再把它们拉出来，谓之清创；并用钳子夹住胆道，为之引流。我简直觉得是在上刑罚，极其难挨。

从第一次手术之后，我就被严格禁食，营养液通过鼻饲管输入体内，以维持生命；而口腔和鼻腔管道纵横，蛛网密布。那个阶段不能进食，不能动弹，唯有思绪可以自由驰骋。此刻，我仿佛置身于一叶小舟，不知命运之神将要把我送往何方。

如是25天后，进行了第二次手术。院方和我都以为，胰头坏死部分被摘除后，应该往好的方向转变了。所以尽管我极度衰弱，还是坚持配合医生的治疗，希望尽快好转。谁又能想到，一切事与愿违，事态的发展离预想背道而驰——我每日高烧，热度基数是39℃，有时甚至上升到40℃。诊断下来，因交叉性感染，得了真菌性败血症。在当年药品不甚丰富的现实下，医疗小组一下子也慌了手脚，好不容易查询到一种美国产的能够抑制真菌性败血症的药物“泰能”。泰能在中国才刚刚通过药检，还没有上市。眼下，瑞金医院的药库里没有。医院派了一个小组到处去寻觅，据当年曾护理我的胡伟国告诉我，他是在华山医院的地下药库里找到了这款药。一查，由于是新药，还没有定价。管不了那么多了，救人要紧，全部拿走！但问题也来了，由于是新药，一切均是未知数，中国还没有人用过它，疗药如何呢?

小小一瓶泰能，像盘尼西林，一天要注射8瓶。一小瓶下去，能让你吐得翻江倒海，死去活来。以致我一见护士手执小瓶进来，就胆战心惊。询问之下，要正常体温连续十天以上才算脱险。闻后，简直觉得是天方夜谭。那时节，妻不停地以善意的谎言安慰我，告诉我体温正在下降、下降，让我安心，心疼我如此痛苦。她每天用酒精棉花为我擦拭，做物理降温。我每天就在这“8小瓶两大刑”中煎熬，此刻才明白什么叫命悬一线、度日如年。

虽然日日卧床，却夜夜无眠；偶尔睡着也被噩梦惊醒，不是万仞峭壁上不去，就是万丈深渊下不来。大约这就是人们所说的徘徊在生死线上吧。

呕吐归呕吐，体温确实逐日降了下来，新药产生了疗效。据说，医院方面后来有一次接待美国默沙东医药有限公司的老外主管，说起这款药在中国的临床情况，特意举了我的案例。看来，我还是该药临床试验受益的“第一人”呢。

一直到第十三天，听到瑞金医院的李院长说了一句“他可以上去了”（转到普通病房），我才顿时有一种“死里逃生”的确定感。我清楚地记得，这一天是1992年5月5日，经历了42天生死危情后，我终于脱险，又可以跟亲友们交谈了。不过，一见面，往往还没说话，眼泪就夺眶而出。也是在这一天，被禁食了42个昼夜后，几乎对食物已经没了辨别能力的我，第一次吃到了没有油的清水菜汤。那可真是难吃啊，至今记得这没盐没味的寡淡菜汤如何的难以下咽。

在撰写此书的过程中，有幸与李宏为（前院长，主刀医生）和张圣道（胆道专家，也是我的主刀医生）共进晚餐。他们还聊起我的那句“屋漏偏遭连夜雨”，成了至今仍流传在一些医务人员口中的“名言”。我自己都有点吃惊，面对这样的生死关头，我当时居然还有心情自我调侃。记得每天我要求医护人员清晨盥洗时间同时给我两样东西：一个小本和一把剃刀。小本子用来记录生命体征、用药状况；剃刀用来清理面容。护士很感诧异，此人吉凶未卜，要这何用？尽管当时由于衰弱，无力执笔，写下的字迹后来连自己也看不明白，但我要记录下生命的轨迹，我要刮得干干净净地去迎接每一个新的黎明！这是一种心理暗示，表达对生命与生活的渴望。这种心理暗示在药物的治疗以及亲友的关怀下，会产生难以估量的精神力量！

在办理出院手续时，医护人员情不自禁地赞扬我说：“很多人都是竖着进来横着出去的。你很不容易，真是非常坚强！”我回答说：“坚强不敢当。我是因为始终记得曾经读过的一位哲人的话——你自己都不知道自己会有多坚强。直到有一天，除了坚强，你别无选择。”或许，这样的箴言真的管用。

我的病到底有多危险，其实当时的我并不完全知情。记得在ICU期间，除了妻子可以穿隔离衣裤特许进入照顾外，其他亲友一概不得入内看我。唯一的例外是电视台著名主持人曹可凡。他是二医大的高材生，瑞金医院隶属于二医大，所以他得以“开后门”准许进入探视。他是内行，在进入ICU前，先在门外的屏幕上看我的病历，心里有数后才进来和我说话。记得他一进门，就用习惯的弥勒佛的笑容面对我，连声说:“梁兄，没事的，没事的！”给我宽慰。而其实呢？病愈后我才知道，他对我的同事好友说，梁兄此番凶多吉少，过不过得去，得看他的造化了。听者只觉心头一紧。其实这才是实情。

那时节，我们演员剧团的周五学习日，成了我的“病情发布日”。每到这时，大家关心的第一件事就是“梁兄的病情如何”，仿佛电影《列宁在十月》里的按例报告健康状况。不过，当他们询问我太太情况，并征询是否需要帮助时，得到的都是“不用，谢谢”的回答。其实，她是多么需要帮助啊。在那样的非常时刻，她比我承受的压力还要大，既要操持家里，还要陪伴我，想方设法用善意的谎言安慰我。当需要紧急药品时，她像一个调度员，发动人脉，设法购药。这一切的一切，都是默默无闻地付出，而她毫无怨言。那些日子，我就像一张画皮，只有两只“间或一轮的大眼睛”表明我还活着，整个人简直就是气息奄奄。

在转到普通病房一个月之后，我终于出院了。回家的那天，我的心莫名地激烈跳动起来，径直走向阳台，凭栏伫立良久。看到对面工棚（上海体育场建筑工地）边的蒿草长得半人高，住院前我曾默默地向小草告别过。如今，我又回来了，我胜利了！我之所以选择六一儿童节出院，寓意是大病过后，一切像个孩童般地从头再来，颇有些“凤凰涅槃浴火重生”的悲壮意味！妻女担心我着凉，忙搀我进屋。她们哪里懂得，久经囚禁的我一旦亲近久违了的蓝天白云，自由地呼吸空气，是何等开怀和惬意啊！

此后，我每天上午挥毫练习赵孟頫的中小楷书，中午小憩，等待瑞金医院指派的曹医生上门换药——先是每日，继而隔天，后来一周两次，直至半年后，肉芽长满洞穴，伤口完全闭合，我才敢每天清晨走出户外，去万人体育馆参加集体练功。如是闭门谢客，清心静养，坚持了一年时间的调整康复。

一年之后，我的身体大有好转，为了检验自己的康复状况，1993年5月，我回到剧团，参加了病愈后的首次演出——上海戏剧学院建院41周年庆祝晚会。那次演出在“上戏”剧场，我唱了两首歌。一首是《晚秋》，寓意“人生秋季”；另一首是与师妹杨昆合唱《选择》。我在舞台上深情地说：“无论遇到什么情况，只要我一息尚存，表演始终是我唯一的选择……”校友们都知道，我是大病初愈，闻言十分感动。他们知道，这是我的肺腑之言，是我的心声。我之所以有今天，是因为在生命垂危的时候，我的心没有死，当我再次拥有健康的时候，我的心没有老！

我的戏曲情结

前述章节中，我屡次提及戏曲对我的滋养，但没有展开深入的记叙。这一节，专门写一写我与戏曲缠绕一生的故事。

2006年3月，东方电视台《戏曲大舞台》栏目做了一期我的“个人专辑”：除了首尾两首是歌曲（《南屏晚钟》和《年轻的心》）之外，我演唱了京剧、沪剧、越剧、黄梅戏和评弹。“专辑”播放后，从收视率和信息反馈表明，观众是欢迎的，不少朋友还戏称我为“六项全能”，并饶有兴味地询问：如何才能多才多艺？

记得孙道临老师在晚年“健忘”时，我曾将这部“专辑”的碟片赠送给他。他看后忍不住问：“你怎么会那么多才艺啊？”

这还得从我的“戏曲情结”说起。

也许是天赋使然，我从小就对声音有一定的敏感，无论歌或戏，一概接受。受家庭熏陶，小小年纪我就能歌善唱，尤其是看戏归来，兴起时会对照“大戏考”模仿上一段。留声机里放什么流行歌曲，我会旋低音量，抢过来唱个不停，俨然眼下的“麦霸”——惜乎当年，卡拉OK尚未问世。但这些小打小闹只是在家里自娱自乐，一旦父母带我参加朋友派对，想让我小露身手时，我则无论怎样死拉硬拽，就是不肯在陌生人前亮相上

台。大人屡遭扫兴后，一致认定我“不出趟”，是个只会在家称王称霸的主儿，没啥大出息。

随着年龄的增长，我对声音的辨识也日趋多元化，贪婪地在传统戏曲的长河中扑腾嬉水，无论什么剧种我都兴致勃勃，趋之若鹜。中学时代，我就看过梅兰芳、程砚秋、尚小云、马连良、谭富英、裘盛戎、杨宝森、张君秋、张云溪、姜妙香等名家的京剧。当时演出市场火爆，每晚都有好戏登场。我按图索骥，课后赶去总能买上票。当年的票价不似如今动辄上百上千，贵得令人咋舌，拒人于门外；而是大众尚能接受，我等穷学生自然是后座的常客。就算赶上有个头疼脑热，一进剧场，锣鼓家什一敲，我顿时精神了；人物一出场，就更入戏了，浑身也舒泰了。其实，“以戏代药”并非我首创，偶见《松江府志》记载:“名医秦景明为方知府诊病，携两名优伶同行，秦先不望闻问切，而让优伶演唱数曲；方知府听后心情好转，病况趋缓，秦此刻依断处方，药到病除，治愈了方知府的病。”可见，看戏确实对一般病症是有特殊疗效的。故此，情绪好时看，情绪不好时也看，反正都有理由。其实理由只有一个：喜欢！马瑾凤的豫剧、筱舫的川剧、新凤霞的评剧、红线女的粤剧、梅兰珍的锡剧……凡是外地名角沪上献演，我很少错过。我是抱着“别人行万里路送戏上门，不看就亏了”的心态走入剧场的。再说，不论什么剧种，必有其绝活儿，总有生存活下来的理由。最令“自我感动”的，莫过于那一次的“壮举”——基于我对戏曲的那份真情，我居然花了几个月积攒下来的零花钱2元6角，买了梅兰芳《宇宙锋》的前座票，当了一次精神贵族。票价虽贵，但我没有后悔，觉得物有所值，这次艺术盛宴令我没齿难忘。

对戏曲的爱好也连同一些往事保存了下来。20世纪50年代初，上海曾掀起一股“梁祝”热，十几个越剧团竞相跟风上演，盛况空前。倒不是我对越剧有强烈兴趣，我之所以会挨个儿去看，为的是在后置的“自设擂台”上让他们PK一番，比出个孰优孰劣来。记得当时父亲还邀请李蔷华、李薇华姐妹一同去欣赏，当时没有的士，几辆三轮车一字排开，李氏姊妹白皙而靓丽，雍容华贵地坐在车上，大大吸引了路人眼球。我跟在大人后面，也满面春风。进得剧场又是一阵骚动，宛若走红毯一样。蔷华阿姨知道我爱戏，还带我去过上海音乐厅附近的票房。我怕生，不敢开口，唱了一小段就下来了；她则一段接一段，旁若无人地唱个不停。直至很多年后，我在票房遇到她时，她依然嗜戏如命，嗓音不减当年！

我觉得对戏曲的爱好，绝非短期可速成，必须有一个浸润、发酵的过程。日积月累，由量变到质变，由表及里，沁入心灵腹地，在那里安营扎寨，由喜爱进化为酷爱，变作生活中甚至生命中不可或缺的部分。这种人才称得上是“戏迷”。

虽然我祖籍广东，严格地讲，应算上海人。有道是“一方水土养一方人”，我从小喝黄浦江水长大，自然对沪剧有种本能的亲近；加之父亲喜听王盘声，故从小耳濡目染，早早地成为王盘声的追随者。我觉得沪剧淳朴、醇厚，带有浓郁的乡土气息，唱词直白得几近口语，声腔虽不繁复，唱出韵味却又很难。在中学时代，我被一个新人——袁滨忠的唱腔吸引。他在王派的基础上，根据自身高亢、甜糯的嗓音条件加以发展，开创了华丽飘逸的袁派唱腔。歌唱性大大增强，在传统的唱腔中犹如电光一闪，使人眼前一亮，听觉一震。当时我追着“爱华沪剧团”的戏看，把他和韩玉敏主演的戏几乎看了个遍。他的出现好比当下青年之喜爱周杰伦、陶喆，迅速风靡上海滩。而认识袁滨忠，却是在我拍戏之后的1961年。两个对艺术满怀憧憬的年轻人，很快寻求到了契合点，成为相互切磋、交流的艺坛诤友。

2005年7月，与沪剧青年演员吉燕萍演出沪剧《苗家儿女》选段《话别》，我扮演卡良，吉燕萍扮演迈香

“爱华”是民营剧团，演出日程排得很满，休息极少。曾记1963年我们上影剧团在“上海艺术剧场”演出话剧《年青的一代》，我与他恰巧扮演同一角色——林育生。看了他演的沪剧《年青的一代》后，一天，他突然来电说，今晚剧团临时停演，想来观摩我的演出。我当然十分高兴和欢迎。以往我只要一个电话过去，他总是把最好的座位留给我。不巧的是，当天票已售罄，仅有的几张保留票，亦被外事组悉数取走。我再三恳请票务帮忙，甚至动员朋友去门口等退票，皆未果。我万分歉意地对他说：“下次找机会一定弥补！”谁料几年后他死于非命，令人扼腕痛心，只能抱憾终生了。故此，2005年7月上海沪剧院茅善玉院长邀我参加《明星唱沪剧》时，我毫不犹豫地选择了袁氏代表作《苗家女儿》一折，借此怀念斯人，也表达对他这份难偿的遗憾之情。演出第一天，袁太郑威娥女士就到后台来了，彼此感慨良多，忆及当年在她家共进午餐的美好时日。后来沪剧界专门举办了一个怀念袁滨忠专场，袁太还致电诚邀我观摩，令人于悲戚中仍感受到一份真挚而恒久的情谊。鉴于此，在《戏剧大舞台》个人专辑中，我毅然选择《话别》一折，邀马莉莉共唱。

与马莉莉合唱沪剧由来已久。1980年，上海电视台举办春节联欢晚会，邀我俩唱过《庵堂相会》，此后又在不同的场合演唱过。正式在电视剧中合作始于1998年，沪语系列情景喜剧《老娘舅》的导演王辉荃，选中我们串演一对中年夫妻。王导将影视、话剧以及各剧种的演艺人士与滑稽演员共烩一炉，为的是相互碰撞，产生化合作用，烹饪出更独特的精神美食。于是我与马莉莉有了相当长一个阶段的艺术交流实践，她已成为我在沪剧界中相交颇深的知己。此外，我与孙徐春、徐伯涛、徐俊、朱俭等都相熟，以艺结友素为文艺界优良传统，对丰富彼此演艺无疑是互有裨益的。

1980年春节，与名旦宋长荣合演《红娘》中《传柬》一折，我饰演张生，宋长荣扮红娘

自从“上海春晚”播出了我和马莉莉演唱的《问叔叔》选段后，引起了戏迷和行家的关注。一天，老同学杨在葆找到我说:“波儿，你有兴趣演沪剧吗？”我望而未答。他继续说:“他们想重排经典名剧《碧落黄泉》，想请你去客串，你演前半场、王盘声演后半场汪志超，打算重新制作布景、服装。你有兴趣吗？”我当时正期待着能拍更多的影片，对此提议未予考虑。现在回想起来，错过了一段与沪剧的姻缘。

京剧《红娘》中的《传柬》，则是1980年经上海电视台吕美娣引荐，我初识淮阴京剧团团长宋长荣先生。言谈中，当他获悉我早些年曾在“丽都大戏院”看过他首次来沪的“处女秀”时，甚感惊讶。我告诉他，当时印象深刻得连对他的宣传词都犹在耳边——“一颗自学成材的、埋在乡间沃土下的夜明珠！”闻后他大笑，当下决定合作一把，选择了他红遍上海、赞誉为“活红娘”的《红娘》一折。我演张生，他演红娘，连说带唱教了我两次就进棚录像了。片段播放后反响不俗，遗憾的是受当时技术条约制约，刻录于大盘上，年限久远未予保存。故此时隔26年，我向总导演汪灏提及此事，希望重演，并提出拟邀时年72岁的宋长荣莅沪“旧景重现”时，汪导表示可以一试。我内心相信，只要健康情况许可，宋老是会应允的，我了解他不仅戏好，还是个助人为乐、宅心仁厚之人。当年他奋力撑起淮阴京剧团扬眉吐气，但他未因此以功臣自居、一枝独秀，而是与全团荣辱与共、同甘共苦。犹记来沪献演正值隆冬，团员个个身着簇新呢大衣示人，就是宋团长的举措。果不出所料，邀约发出后几日，便得到回复:“欣然前往，乐于奉陪，还随携两套行头以供挑选！”老友重逢自然异常兴奋，录像时他又唱又念，满台生辉。受囿于时间，导演将他唱段割爱，仅留下二人白口以及身段，十分可惜。

说起京剧，不得不提及影坛多面手程之先生。其父程君谋就是红极一

在海盐演出时，电影表演艺术家程之先生与我在后台合影（20世纪80年代）

时的名票，程之秉承乃父天赋，11岁时就灌录过唱片《聚果园》，从小就有“小大花脸”的雅号。20世纪80年代，我们经常一起外出走穴，他曾亲授我学唱言（菊朋）派。一次在海盐演出后的深夜，还特将用简谱标注的《让徐州》唱段誊写得清清楚楚，送来我房间，令我好生感动。其实，在电影界，赵丹、舒适和岑范等都是京剧戏迷，程之更是出类拔萃，京剧与评弹皆为专业水准。老一辈电影艺术家不但戏曲造诣很深，且决无门户之见。程之曾说，“阿丹（赵丹）对尹桂芳扮演的屈原佩服得五体投地，他想不到一个越剧女伶竟将一位战国的政治家、文学家、哲学家演绎得如此传神！”前不久遇见京剧大家尚长荣，说起他排练《廉吏于成龙》的往事：开排之前，他提议剧组观摩赵丹主演的《林则徐》和李默然主演的《甲午海战》。可见，艺术家都惺惺相惜，各剧种间互为学习和借鉴是至关重要的。

20世纪80年代，我在上海人民广播电台举办的星期广播音乐会上，以西洋配器的管弦乐队伴奏演唱过黄梅戏《槐荫开口把话提》。当时只是一小段，如今有了同门师妹李炳淑以及东视主持人张民权的配合，扩容后更加完整且精彩。评弹《杜十娘》则是20世纪60年代初，由周介安亲授，这次对照秦建国的版本重新纠正过。

完全陌生、毫无听觉视像的，是越剧《送花楼会》。栏目编导认为节目播放覆盖江浙，堪称全国五大剧种之二的越剧不可或缺。我颇为难，因从未实践过，但答应一试。不料次日快递送来CD光盘，对照唱词听后，一下子唤醒了我对陆锦花的回忆。年少时，我曾多次看过她与张云霞共演的《白蛇传》等戏。尽管这出《双珠凤》未观赏过，但对陆派唱腔还是有印象的。所以关在家里苦学3天，居然攻克了唱的部分，还有几分“陆味”。正当我信心陡增时，却得知这一段是唱做俱重、载歌载舞的！彼时

2006年3月，时隔26年，宋长荣特从江苏淮阴赶来为我助演，二人再度合演《传柬》一折

2006年3月，首次演唱越剧《双珠凤》中《送花楼会》一折，载歌载舞，满台生辉

已无退路，因为第二天就要实录。辅导老师王佩珍劝慰我道：“不要急，我尽量让你少动，做减法，能站在台上唱下来就不错了，观众会原谅你的，知道你是电影演员……”最后这句话倒触动了我，我不企求获得观众的原宥，我觉得这正好是纠正观众对电影演员只会眉来眼去、摆摆花架子的“壳里空”误读的契机。我说：“王老师，不要做减法，做加法，你教吧，我能学！”她信疑参半地教了我几个招式，我立马掌握。她见我接受能力还行，遂又抖落了几处，这时反倒是我安慰她：“你把全部身段都教给我吧，我学过点昆曲，水袖和圆场都懂一些。”至此，她释然了，将全部身段和盘托出，最后还增添了定格的造型动作，大约算是做乘法了吧。实录第一遍，几处细节未掌控好。第二遍时我进入状态，身眼手法步步到位，一气呵成。录罢，只见王老师在台下使劲鼓掌，我握住她的手向她致谢说：“我这叫60岁学吹打！”她连声说：“没想到，没想到！”高兴得像个孩子似的。其实我心里也甭提有多高兴，因为它验证了我深埋于心田的戏曲种子并未枯死，一遇阳光雨露，还会复苏、发芽、抽穗、开花……节目播出后，受到越迷们的强烈反应，网上跟帖者赞誉有加，片段还被安排在纪念越剧百年的专题晚会上播放。一不留神，竟成了高龄“越剧新秀”！

录制专辑花了3个半天，累积起来也抵不过一个白昼，但却有把我戏曲内存一次掏空的感觉，可见我对博大精深的戏曲艺术仅仅了解了一些皮毛。在录毕归家途中，一股莫名的涟漪在心中荡漾开来。不知为什么会回忆起十多年前，我命若游丝在重症监护室的一幕：那是我经历了危情42天后，刚被拔去鼻饲管和胃管等管道后，与汤耀卿主任的对话。

“插了那么久的管子，对咽喉和食道肯定有影响。那么对讲话呢？”我问。因为一个时期来，受管道阻挠，我发音含混，医护人员难以辨听。

“不会有什么影响。”

“对嗓音呢？”

“也不会。”

“那——以后还能唱吗？”这才是我问话的真正目的。

汤医生沉吟了一会，安慰我说：“既然可以讲话，我想唱应该也不成问题。”其实他是怕伤害我才这么说的，因为一切都充满变数，谁也无法确定。而我，却像中了六合彩一样高兴！我出院之后，汤医生才告诉我：“由于你当时病情恶化迅速，几乎差一点要为你切开气管，我们当时还郑重研究过从何处下手可使伤口更隐蔽一些，以便于你一旦痊愈，继续从事演艺事业，不至于太显眼。所幸没有走到这一步，你真是吉人天相啊！”

感谢上天对我的眷顾。是啊，所以当生命重新附体的时候，我要用歌声来表达对社会、朋友和家人的感恩之心，来表达我重扬生命风帆的喜悦之情！

现在我做到了——《戏剧大舞台》为我构筑了一个平台，让我公开答谢的企盼如愿以偿。尤其令人高兴的是，蒙上苍保佑，嗓音未因重创而失却原有的光泽。要知道，这是一个在灾难中想唱不敢唱、在病痛里欲唱不能唱的人，经历了精神和肉体的双重历练后，所迸发的声音啊！“嗓音依旧、神采依旧”就是观众对我的最高褒奖。

《游园惊梦》中杜丽娘曰：“不进园林，怎知春色如许？”我只能算是个探身向园林的频频观望者，已感受到撩人的春色！事实上，在我以往的艺术实践中，拍摄的影视剧如《浣纱女的传说》《杨贵妃之谜》《东厂喋血》和《东坡三养》等，无不受惠于戏曲，尤其戏曲唱词中的文学性，早已渗入血脉，滋润并丰富着我的文化底蕴。尽管影视表演与戏曲外在程式有所不同，但潜在的内心锣鼓经并无二致。多元艺术样式的融会贯通，只会使你驰骋于更广阔的空间。

在《浣纱女的传说》中，范蠡和西施（吴海燕）在归途中

所以我想提醒业界的后起之秀们，尽管你们今天从事艺术工作的条件与我们当初有霄壤之别，但我奉劝诸位在文艺领域中不要偏食，不要拒绝传统。世上除了流行音乐、R&B、RAP、街舞，还有许多优秀的文艺样式有待学习、借鉴。我不相信天才，但我确信勤奋，“三分天分七分努力”已是满打满算了，真正要获得成功，全在于后天的努力。“一夜成名”是天方夜谭式的蛊惑人心的神话，充其量是做一颗划过天际的流星而已；而要成为受众承认的艺术家，绝不可能一蹴而就。

我特别欣赏一句格言——书海无涯苦作舟。只要你付出、你耕耘，迟早会有回报、有收获。关键在于平时要做有心人，多听多看，多探索多积累，聚沙成塔，集腋成裘。道理其实十分浅显：如同银行里没有存款，不可能随用随取；蓄水池没有贮存，不可能流出汩汩清泉一样。应该拒绝的倒是功利，急功近利只会使人心气浮躁、目光短浅、浅尝辄止、不思进取，实在是从艺者的大敌！这应该不算是“多余的话”吧。

“歌唱般叙述”和“叙述般歌唱”

说罢“戏曲情结”，必须紧接着说“歌唱追求”了。在媒体对我的介绍中，往往有这样的描述:“梁波罗还是新中国电影演员出版歌曲专辑第一人，他演唱的《南屏晚钟》《卖汤圆》《清晨》《草原之夜》等歌曲至今人们仍记忆犹新。”为此，还闹出个不大不小的笑话。

1985年，我随孙道临率领的中国电影明星艺术团出访新加坡，由于我的歌曲专辑早已在新发行并播放，故此等我们抵新时，看到街头的宣传资料上，居然介绍我是毕业于上海音乐学院。后经查询才搞清楚，对方以为我们电传有误，特将“上戏”改为“上音”的。

提起歌唱，还得回到20世纪50年代中期。我在“上戏”表演系求学时，就开始接受正规的声乐训练。但那时我只是个声乐艺术的爱好者，而不是热烈的追随者。心想自己是学话剧的，对声乐不必过多涉猎，费神深求。而执教的吕铸洪老师却对我怀有厚爱，认为我这方面天资不宜浪费，而应有所发挥。俟我毕业后进入“上影”，演了电影之后，他郑重地约我去他胶州路的家，制定了“互教互学”的计划——他教我发声，我教他朗诵。其实，那只是吕老师的教学策略罢了，他是用循循善诱的科学方法，助我在音乐上长进。由于我在电影界得到老一辈艺术家们的指点，在朗诵

上追求语言的音乐性，他对此大加赞赏，往往让我念一句，继之唱一句——他是引导我，以朗诵的正确发声和气息来指导歌唱啊！吕老师的苦心孤诣使我深受感动，在他逝世前，我延续了一个阶段的歌唱业余训练。可以说，这正是我以后所探索的“歌唱般叙述，叙述般歌唱”的萌芽阶段。

当我欲振翅翱翔时，风暴袭来，无人幸免。在万马齐喑的那些年里，我手持羊鞭在东海海滨放牧，尽管心如注铅般沉重，却未失却我对艺术的挚爱。每天熬着苦日，但面对湛蓝的天、翠绿的草，我唯有借助歌声来宣泄心中的愤懑，抒发心底的憧憬。为了不遭人非议，我唱遍了样板戏唱段，一遍又一遍，一天又一天，从中检查发声、音准、气息……虽然听众是羊群，但我为自己找到一种抗暴与练声相结合的方法而暗自庆幸，是歌声伴随我度过了那一段苦涩的日子。

终于盼来了春回大地，我重又活跃在文艺战线上，辗转拍片于大江南北。不单在银幕上，我还全面出击，在舞台上朗诵、主持、演话剧……乃至对广播剧、散文和诗歌等不同文艺样式，一一问津。还别说，真是受到了空前的欢迎。当时，我并没有认真想过“何以广受欢迎”的缘由，后来才“梳理”出两个原因：第一，当然是知名度，加之电影演员“跨界客串”的新鲜感；第二，我的艺术特色，也就是发掘语言的韵律，让朗诵充满音乐性，即我在艺术实践中逐渐形成的“歌唱般叙述”风格——正如前述，这最早得益于吕老师的开导。

有一次，一位叫凯文的美裔华人不无感叹地对我说，在海外（包括中国的港台地区）演艺界，很多演员都是“多栖”的，演戏、唱歌、主持等无所不能，而大陆演员好像显得不够多才多艺，不要说影视剧中的主题曲或插曲没有听到由哪位电影演员演唱，有的演员甚至连台词都需要请高手代劳，后期靠别人配音……显然，才艺不够，才需要“越俎代庖”。他还问我，大陆观众对此怎么看？我实话实说，对这些现象，国内观众同样反感。不过，话虽这么说，我转而一想：若片中有插曲乃至主题曲，我自己敢唱吗？能唱好吗？想到这，不禁默然。但随之又进一步想到：难道海外的明星是一蹴而就的超人？肯定是因为他们敢于尝试和实践，才会练出一身超强武艺。关键在于实践！

基于此想法，我开始对歌唱跃跃欲试。有一次，机会来了——那是1979年的春节联欢会，原本晚会上有康泰的歌曲演唱，不料他突发心脏病，一时不能登台演唱了。同仁们就鼓励我，说你平常哼哼唧唧的，今天要不上台献上一曲？于是我赶鸭子上架，现学现卖地唱了一首《卖汤圆》，居然反响不错，就这样迈出了第一步。

受此鼓舞，一时间，我的生活里充满了音乐。每天骑着自行车进进出出，是我默念歌词、熟悉旋律的最佳时光；甚至在做家务时，都必须要有音乐做伴，可以说生活是被音乐包围着。

在一次万体馆的演出中，我又与男高音歌唱家刘明义交上了朋友。为了提高歌唱技艺，我提出向他学习声乐，他欣然答应。好在，面对我这样的“高龄特殊学生”，他不是按部就班地教学，而是因材施教地发掘我的特长。所谓“叙述般歌唱”，正是在当时一点一点琢磨出来的——虽然当时不是这么明确概括，但刘明义老师注重我的“轻松随意”与“重在意蕴”，实际上是扬长避短的高招。由此，我的自信心大增。

之后，在拍摄《子夜》之余，我参加了上海歌剧院、上海电影乐团、上海芭蕾舞团举办的音乐会。我深知自己不是职业歌手，必须唱出自己的特点和风格。我要求自己在演唱中声音松弛、吐字清晰、情绪真切，着意在抒情上下工夫，我牢记吕老师和刘老师的教诲，以情带声，以声传情，

1982年在上海人民广播电台举办的文艺晚会上，与著名歌唱家朱逢博共同演唱。

20世纪80年代，在家中学吉他

1983年与著名歌唱家蒋大为在一起

2005年在东视《新评头论足》节目中，与沈小岑重逢并合唱

2006年1月，在北京人民大会堂与赵静共同主持“影视明星大型新年庆典晚会”

2010年我在艺术人文频道录制的《光阴的歌》中与赵静等人合唱《红莓花儿开》

2010年艺术人文频道录制《光阴的歌》，由我演唱美国歌曲《幸福的黄丝带》

追求“叙述般歌唱”。果不其然，效果甚好，观众反响热烈。一时间，让我自信爆棚。

最值得一提的应该是半年后的“中秋卖汤圆”了。那是上海电视台第一次直播“中秋文艺晚会”，记得是著名京剧演员李玉茹的女儿李莉担任晚会导演。那是一台在丁香花园录制的晚会。那天，我在主持晚会之余，在湖畔石桥上，第一次亮出了我的歌声。出人意料的是，晚会播出后，大街小巷一夜之间全在议论《卖汤圆》，观众反响超乎寻常的热烈，信件和电话纷至沓来。李莉见了我说，晚会的反响倒不见得大，就光“红”了你的《卖汤圆》——不但歌红了，你人也红了！

由此，我一发而不可收。电视的作用好生了得，我的“歌手形象”一下子广为人知。那年头，我一下子成了大忙人。在电视屏幕上，作为嘉宾主持，与上海电视台著名女主持小辰多次合作主持晚会；又与电视台著名主持人陈燕华合作主持了“群星璀璨大型歌会”，演唱者全是当时顶级的歌唱名家；我还和红极一时、当时初登歌坛的流行歌星沈小岑一起“拼档”开演唱会，在静安体育馆连演18场，场场爆满。

记得为了形式出新，我还巧妙发挥自己的文学特长，用诗化的语言作为串联词，如演唱“外婆的澎湖湾”之前，我会说：“澎湖湾，是在台湾外的一个靠海的小岛，风光明媚。在这个小岛上，住着一位年轻人和他的外婆，有一天，外婆生日……”此时，前奏的旋律响起，在乐声中，我继续说，“年轻人唱了一首歌送给外婆，这就是《外婆的澎湖湾》……”正好进入歌唱。观众开始以为我是在朗诵，可到了最后一句，很自然地引出下一首歌名，打破了数十年来“请听下一首歌”的“报幕传统”，观众反响甚好……1983年，我应中国唱片公司广州分公司邀约，录制了第一盒歌曲专辑。之后，云南音像出版社和白天鹅音像公司分别为我出版了歌曲专辑。直到现在，还有很多人如数家珍地对我说，你唱的《草原之夜》和《南屏晚钟》，特别是那首《卖汤圆》太令人难忘了。看来，我的歌唱才艺获得了大家的认可。

当然，有此成绩，除了一定的天赋外，我的“自我找茬”也功不可没。好长一段时间里，我每天听音乐练演唱，把自己的唱段录下来反反复复地听。尤其是演唱会时节，我会要求录音师大春每天帮我录下来。不管别人怎么说好，我都要一遍遍地听，自我审视找毛病，第二天有所改进。值得一提的是，我的“不务正业”，上影剧团并不阻扰，而是乐观其成，给予支持。当然也有人说，因为拍戏不来钱，唱歌来钱，所以我钟情唱歌。其实哪里是这么回事！我的这种客串，根本就不是奔着钱去的。就说录专辑这样的好事，据说发行不错，几次再版，又是胶木，又是盒带，又是密纹，给团里交了劳务后，到手的也就只有640元。爱胡乱评说者自由他评说，我照演我的戏，照唱我的歌，我懂得“只争朝夕”的含义。

我体会到，处理一首歌，其实与演一个角色，从主题的表达、情绪的转换、风格的掌握，都有许多互通之处，是可以互为借鉴的。有意思的是，后来在拍摄《闪光的彩球》时，作曲家吕其明专为我扮演的角色写了一首《摇篮曲》。虽然影片呈现时，只用了我吟唱的几句，但即便如此，还是有了反响。同在这部戏里，我扮演英文翻译的角色，角色的英语台词，我自告奋勇由自己来完成。我觉得对一个演员来说，艺多不压身嘛！

为了写作这本书，我兜底翻出了一封沈阳观众的来信。那是我随上海芭蕾舞团到东北巡回演出，我的演唱获得了沈阳观众的热情鼓励，短短几天中收到一些来信，署名“晓光”的信是其中最深情的一封。他写道：“说实话，未听歌之前，我以为不过是影星逢场作戏而已。但从第一曲《我多想摘下一片白云》开始，我被你富有魅力的歌声吸引；之后《草原之夜》

《清晨》《卖汤圆》等六七首风格各异的歌，你处理得声情并茂，使我逐渐领悟了你在歌唱方面的才华。待你唱罢《北国之春》，我的掌是为一名新涌现的歌手而鼓的了——虽然你自谦是业余的——确实，你不似某些歌唱家发声部位来得高，那么强调头腔共鸣；但你情真意切，你根据不同曲目，迅速投入规定情境，'未成曲调先有情'，很快引领观众进入歌的意境，这却非每个歌唱家都能达到的。在获得这次意外的艺术享受后，我萌生一问号：你是怎样登上歌坛的？这正是我冒昧写信给你的原因。”信中的溢美之辞让我受之有愧，但他对我的“叙述般歌唱”总结得头头是道，确实是发自内心。这是对我莫大的鼓励和鞭策。

有了歌迷的鞭策和鼓励，我在歌坛的大道上一路高歌猛进。我不认为这是“玩票”，而将它视作演艺事业的组成部分。我曾应邀演唱过不少原创歌曲，如作曲家刘雁西的《小纽扣》以及她为电视剧谱写的插曲和为外地广播电台创作的抒情歌曲；与朱彩玲一起演唱过作曲家徐坚强为电视剧《案中案》创作的男女声二重唱《为了你》（在该剧中我也扮演一个角色）；上影乐团杨辰之创作的《湖畔夜色》颇具昆曲元素，据说他们找专业歌手录过几个版本，反而是我唱的更有韵味，此曲后来收进了我的个人专辑……

由于名声在外，一不小心我竟成为一时唱将。但我头脑清醒，始终遵循笨鸟先飞的原则，拿到曲谱先是浅吟低唱，琢磨意蕴，然后才敢进棚录音，不满意的片段再行补录。不过现场演出就不一样了，没有“重复键”，因此非要排练得滚瓜烂熟才敢面对观众。别人合乐确定调性后唱个头尾，我合乐从头到尾不算，往往还要抠出几段重点打磨。回忆演唱生涯仅有一次例外，那次演出真是触目惊心，至今想来依然心有余悸。那是我第一次面对全国观众演唱。1983年4月11日晚，由《电视文艺》《中国广播电视》《电视周报》联合主办的“第三届全国优秀电视剧飞天金像奖颁奖暨文艺晚会”在北京首都体育场隆重举行，我代表电视剧《人之初》剧组受领了飞天奖。此刻我的心情既兴奋又紧张，与其说是因为获奖，不如说是因为颁奖后我将在这里的演唱……

4月上旬，我刚从中国唱片社广州分社录制完一盒独唱专辑，返回上海，上影电视部张雪村通知我火速赶赴北京领奖并演出。发布的消息中，晚会演唱名单里有德德玛、成方圆和郑绪岚歌坛大腕。意想不到的是，演唱名单中还赫然写着我的名字，况且届时中央电视台还将向全国直播！由于联系工作的失误，大会会务组并未为我安排伴奏乐队——当年尚未流行伴奏带，都是乐队伴奏现场演唱的。我虽总谱、分谱在握，但没有乐队，一时也傻了眼。怎么办？有关领导当机立断，确定了一个应急方案：由参加晚会的三个乐团各抽调部分乐师，临时组成“三合一乐队”为我伴奏！

4月11日黄昏，我提前来到现场，当“三合一乐队”摊开乐谱，已是过了18:00，离演出只有3刻钟了。我们迅速将选定的4首歌曲合了一遍。由于对乐曲生疏，配合自然不够默契，鼓点打得有些迟疑，尤其是伦巴节奏的印尼歌曲《卖木瓜》，应有的风格有点找不着北……没等合完第二遍，观众如潮水般涌了进来，我们只得退到后台。此刻，我的心像鼓点在敲击，七上八下。

获奖代表起立，迈步上台，我亦步亦趋。记得那天主持人是马季和姜昆，他们妙语连珠，观众情绪热烈。此时的我，尽管脸上微笑着，心中却忐忑不安，满脑子想着此后的演唱。嗣后，我把奖状交给同伴，回到后台休息室，始觉饥肠辘辘。掰开面包正欲进食，忽传来《卖木瓜》的小提琴齐奏声。我蓦地起身，循声走向休息大厅，但见中央乐团弦乐组正将乐谱摊于桌面，围成圈，配合着东方歌舞团女鼓手小许在打点。小许可是乐队

1983年在首都体育馆与马季、姜昆、我、李文华、史久峰（自左往右）合影

的灵魂人物啊，她的鼓点打在桌面上，也打进了我的心坎里。我丢下面包，挤在他们中间轻声哼唱了起来。一连合了3遍，鼓点由迟疑而逐渐坚定。此刻，另一头又飘来《卖木瓜》的管乐旋律——那是中央民族乐团的乐手们在抓紧上台前的练习。霎时，我被他们“救场如救火”的精神所感动。这里没有地域和团体的界限，有的是协作的精神和对音乐的态度……

不容多想，舞台监督催促我候场了，我被安排在肖雄的朗诵后面。姜昆正以他幽默的“脱口秀”介绍着我，我发觉此刻紧张的心已被兴奋所替代，胸中涌动着自信的鼓点。我从容地走到话筒前，面对观众，道出了此时此刻的感受，仿佛“暖场”。随后，我把《清晨》《卖汤圆》和《卖木瓜》等4首歌一一演唱了，唱得特别专注，格外动情。现场，观众的热情排山倒海、山呼海啸，激发得“临时乐队”有如神助，不但配合默契，而且严丝合缝，显示出他们的功力。这哪里像“临危救场”，简直像“长期搭档”！

这是我第一次面对全国观众的演唱，歌声飘荡在“首体”上空，通过电视，传向祖国的四面八方……也许，很多观众了解我的“歌唱”，就从那儿开始的吧？

2009年我在收山之作《澳门往事》中饰演地下工作者周福

封箱之作
与“结缘社会新舞台”

时间如白驹过隙，不知不觉间就到了退休之年。但艺术工作者的“退休”，并不那么严格。所以办了退休手续后，我有一阵子还是很忙，直到拍完《澳门往事》。

说起《澳门往事》，那是2009年的事。出生在上海、长在澳门的年轻导演徐子牧，带着他编剧的《澳门往事》来见我。这是他在澳门读书期间苦心研究澳门历史，深为澳门风土人情和历史所打动，写出的一部融合浪漫、悬疑、谍战于一体的剧本。他想在澳门回归十周年之际，揭开这段尘封往事，让全国观众一睹澳门在第二次世界大战中的别样风采。徐子牧此行的目的很清楚，他早就耳闻《51号兵站》的大名，而《澳门往事》中的地下党周福与“小老大”似有同工异曲之妙。于是，徐子牧亲自登门拜访，想请我出山。我当时就回绝说，自己年龄大了，还是请年轻人演吧。但对方的盛情难却，故只好表示接下本子先看看。

《澳门往事》写的是发生在被誉为“东方卡萨布兰卡”的澳门的一段乱世传奇。第二次世界大战期间，由于葡萄牙宣布中立，所以澳门在东方战场的地位尤为特殊，这里成了掩护我方革命志士撤退而转战抗日前线的战略要地。影片正是描述了这个风云变幻时期，发生在澳门东方酒店的一

《澳门往事》剧照，吕晓霖饰周福的女儿

2015年6月9日，在纪念抗战胜利70周年“老电影新海报”的展示现场与“人民子弟兵”合影

段惊心动魄又震撼人心的故事。我看了剧本后，觉得挺有特色，且有基础，但由于出自年轻人之手，对那个年代的特点和人物语言等了解不够，所以影响了影片的真实性。我表态说，饰演角色就免了，就帮助改改剧本吧。我这人向来做事认真，修改中，自己竟入戏了。你来我往，这样一改前后近两个月。徐子牧看到修改稿，高兴地告诉我："剧本改得太好了，既然剧本你也帮忙了，那周福一角你就不要推却了。"

对方如此诚恳，我没法拒绝了。不过想想也是，自己1959年"上戏"毕业，到2009年正好50年。自己在"处女作"《51号兵站》中演的是地下党，这次《澳门往事》再演地下党，也算是"头尾呼应"。于是决定再次出山，同时也决定拍摄完《澳门往事》后息影。

在这部"封箱之作"中，我饰演女主角的父亲周福。周福的父亲早年跟随孙中山先生来到澳门，从事救国事业。他子承父业，以经营东方酒店来庇护抗日爱国人士。此时，由上海来了一个年轻人刘云，携带密件，蛰伏在澳门，准备前往香港，营救一批滞港的文化界精英。在澳期间，周福的女儿对刘云暗生爱意。刘云由于年轻，行将坠入情网，这时周福进退两难。在他的斡旋和协助下，虽几经波折，刘云的计划最终得以实现，周福却被日本特务暗杀了。

周福的特殊身份，决定了他在澳门这鱼龙混杂的弹丸之地必须兜得转，能上天入地。他要周旋于葡国警司、日本军国主义分子、日伪汉奸以及三教九流之间，是个大开大阖的角色，与我以前扮演的地下工作者不尽相同。情节涉及父女情、战友情、主仆情，触角更多面，表演幅度和张力也更大。加之是为了迎接澳门回归十周年而拍摄的数码电影，故此也是我退休后重新触电的原因。

这次合作，是我从影以来最努力，也最感孤独的一次。尽管剧本烂熟

2014年在上钢街道辅导朗诵爱好者

2008年5月为汶川地震义卖CD

2010年在讲座中畅谈艺术人生

2010年3月央视在苏州录制清明诗会

于心，人物脉络清晰，拍摄现场也屡被导演和合作者的掌声肯定，但囿于经济条件的制约，该呈现的场景降格为“山寨型”。演对手戏的演员不对手，一个人纵有三头六臂，终究孤掌难鸣，无力营造出一个真实的表演空间。这时，我才懂得初出道时遇到如此精彩的剧本和如此坚强的阵容是何等幸运！难怪当时有人说“戏保人不红也难”，当时闻之还不甚了了，如今才深切地体会到“人保戏”的艰辛。电影毕竟是门综合艺术，不仅靠大家的努力，还有各方的配合问题。对导演来说，这部开炮之作已实属不易，但显然有很多不足之处。不过对我而言，这是我从影以来演得最用心的一个角色，我已经尽力了，问心无愧。

不过，电影表演领域的“封箱”，不等于与整个艺坛彻底告别。主持、朗诵、歌唱、演戏以及培养艺术新人等，我依然有事做，有时还忙得不亦乐乎。好在这些“客串”的活不像拍电影那样卡着分秒、不容商量，而是自己有较大的自主选择权，视精力状况，调整节奏。最重要的是，如今的艺术活动，重在充实生活，为百姓服务，于己于人有利，何乐而不为?

犹记得，1992年10月，《大众电影》杂志社转来了一封北京观众王女士的信。她是从《大众电影》的“影人行踪”中获悉我患病住院的消息，连夜写来的。“……不要以为你只属于一个家庭，你是属于社会的，属于大家的，你一定要好好地活着！”恳切朴素的话语令我潸然泪下。是啊，都说百姓是艺人的衣食父母，在我重病期间，有万千喜爱我的观众在关注我，王女士只是其中的代表，我是何等幸福啊！那么，挣脱死神后，我应该怎么活，做些什么呢?

2002年，我被上海市文明办、上海市文联聘为第一批“上海市社区文化指导员”。这张无意间得到的聘书，让我的眼前豁然一亮：一个“社

2015年，在枫林街道举办的活动中我与孩子们一起朗诵

会新舞台”正向我敞开怀抱。所谓“文化惠民”、“文化民生”，指的不正是“艺术家下基层为人民服务”吗？百姓大众太需要文化了，社区舞台正等着我们去发挥余热呢。

在我看来，几年前那场死里逃生的大病，最终愣是从死神那里把生命拖了回来，自此我对人生有了新的顿悟——在余下的岁月里，如何更好地塑造自己的社会形象？如何发挥余热造福百姓？既然有关组织为我提供了可以略尽绵薄的新舞台，我理应视为回馈关爱我的观众的最佳机会。于是，无论大小活动，我总是全情投入，我的生活因此显得充实和丰盈。

在为社区演出时，观众好似看到当年《51号兵站》里的地下党“小老大”又回到了他们身边，观众们至感亲切，为此鼓掌和喝彩。有的观众对我演过的角色如数家珍，聊起来意犹未尽，仿佛翻阅一幕幕历史画卷。我看到大家的肯定和喜爱，觉得心里非常欣慰。

难忘的一幕是，在我66岁生日这天，家人已准备好为我庆生。正在此时，却接到上海市文联艺术团邀约我为上钢街道主持一台演出。我迟疑了一下，心想“独乐乐不如众乐乐”，还是欣然答应前去主持。没想到，同去的两位滑稽演员却在表演节目中泄露了“天机”。于是，惊动了街道领导和演员们。我没想到，在演出的尾声，老妈妈歌唱队员们突然手捧蜡烛，带着蛋糕，上台唱起了《生日歌》。原来，她们闻讯这天是我生日时，马上行动，特去买了蛋糕。这66岁生日竟是在这样恢宏的“众乐”大型派对中度过，不由让我激动万分，大家庭的温暖和巨大的欢乐使我终生难忘。

近年来，我就是这样进社区、上学校、到工厂、下农村，辅导群众文艺、开设各类讲座、举行朗诵主持等活动。我的讲座针对要求、根据对象来选择内容，谈电影、谈艺术、谈人生，更多的是平等地交流。所以不论

是高校，还是上海图书馆，抑或是社区新村，都受到欢迎。我还走出上海，传播到长三角，还被同济大学聘为“兼职教授”。

有个非营利性的民间机构——上海青聪泉儿童智能训练中心，为自闭症儿童提供专业性康复训练和辅导。2011年岁末，导演石晓华来电，问我愿不愿意参加一次公益活动，为青聪泉的圣诞晚会做拍卖师。我当场应允，心想也不能空着手去，随携了特为我从影50周年制作的纪念封51枚为义拍助力。不想，竟一举拍得两万余元善款，令我喜不自胜。3天后，我收到训练中心陈洁院长的感谢信，信中写道:“……您微笑的容颜就像舞台上五彩绚丽温暖的光，在孩子和父母的心中留下了永远缤纷的色彩……”其实，是这些“星星的孩子”（自闭症儿童）以及他们的家长、老师带给了我绚丽和温暖更为恰当。所以，大凡公益性活动，我都乐于参加。

就在此书杀青之际，又传来佳音——我刚刚获得中国文联评选的“优秀文艺志愿者”称号，上海共有7人入选。我很喜爱“文艺志愿者”的称号，用“文艺”的形式做“志愿者”，是我得心应手的角色，只要力所能及，我将会终其一生。

我的汗水和劳累没有白白付出，“小老大”虽已成“大老大”、“老老大”，但社区百姓仍喜欢称我是“永远的小老大”。几年前，在上海《金色年代》杂志社和九九关爱网共同举办的评选活动中，我曾获膺“2010年感动上海最具活力与魅力老人”的荣誉称号。“活力与魅力”是我最为看重的，因为这正是我追求的人生境界。

不时有朋友向我打听有何养生秘籍，其实我的“养生”恰恰在于从不刻意养生。我以为要养生必先养心，心态平和是根本。生活规律，烟酒不沾，平时要自找乐趣，自寻开心——也许我曾在阴阳界边徘徊过，所以总觉得活一天就是赚一天，自得其乐。也许有人会说，社会如此浮躁，心态如何能平静得下来？那么，奉劝你，学会一样法宝：宽容。宽容是精神的成熟，心灵的丰盈，是对别人的释怀，是对自己的善待。

说来容易，践行却难。让我们共勉，让快乐与你同行。于是，我累着并快乐着……

自从2013年女儿添丁后，生活的重心有所调整。我参加社会活动之余，更多的精力花在“下二代”的成长上。推着外孙女去徐汇滨江散步，成了我步行锻炼结合含饴弄孙共享天伦的必修课。一路走，一路逗希希。开始时，她牙牙学语，片语只言，只好教她从数数开始，从一到十，周而复始。一天，走累了，我也在江边石凳上歇脚，七七长者携三岁幼儿，不禁自嘲一把，以数字解读起人生。虽无韵致可言，但似乎颇能概括往昔，恰好也是40个字，与上编的履历相谐成趣，特录于此——

雄鸡一唱，二十春华。
一夜成名，万众偶像。
十年浩劫，七上八下。
命悬一线，九死一生。
三世同堂，五福同享。

我想，我是幸运的，选择了我喜爱的表演事业作为终身的职业，尽管历经坎坷，但毕竟登高览胜，深谷探幽，看遍了人生风景。我是幸福的，拥有一个美满的家庭，如今三代人居住在同一个小区互相照应。妻子贤淑，琴瑟和谐；女儿女婿孝心可鉴，在忙碌的工作之余不忘扶老携幼，举家同游，其乐融融。

快乐的祖孙俩

眼下，希希口齿伶俐，表述清楚了，偶尔还会出其不意地问个成语，令我一时语塞，也许是从家人交谈或从《火火兔讲故事》中听来的。“什么叫‘莫名其妙’？”“什么叫‘学霸’？”问题多多，不一而足。

有一天黄昏，希希走着走着又蹦出个新问题：“外公，‘五彩缤纷’是什么意思啊？”我惊诧于如今孩子知识面广、接触语汇之丰富，正考虑如何作答时，天边云蒸霞蔚，彩缎般的晚霞铺展开来。何止五彩，红橙黄绿蓝靛紫，七彩斑斓，绚丽夺目！我欣喜地停下推车，把她高高擎起，遥指天际：“晚霞，看到吗？这漂亮的晚霞就可以称作五彩缤纷。”她扬起小脸，忽闪着一双清澈的大眼睛，遥望着满天云霞。

此刻，如果君临江畔，按下快门，摄下这老少剪影，定是耽美佳作。其实，这何尝不是我当下生活的写照：在夕阳的霞光中，享受着暮色的余晖……

2008年7月在长春电影节，和栗原小卷、陶玉玲等在一起

我之友

My Friends

人的一生，大抵像坐标系：纵向是经历，横向是人际。
所以撰写自传，离不开“横向”关系，便于读者了解我的人生。
书中，我把“家人”纳入“纵向”，而把“友人”归于“横向”，
谓之“我之友”。
“友”的范围较广，既有师友、学友，也有诤友与益友，
还有特殊时期的“棚友”；
此外，还有像保姆、剃头匠、准殡葬工，五行八作各色人等。
因为他们，构成了我人生的丰富性。
我想通过此书，表达对他们由衷的敬意和谢忱。

2007年，在嘉善孙道临电影纪念馆铜像前

亦师亦友孙道临

2007年2月2日，是一个不平凡的日子。由浙江嘉善文化局牵头、嘉善县人民政府投资筹建的“孙道临电影艺术馆”吉日开馆。这是自新中国成立以来，第一座以个人名字命名的艺术馆，在电影新百年之初揭幕，更具有非凡的意义。

前几天还春寒料峭，当天却煦日和风。清晨，孙道临老师的女儿庆原来接我，其夫朱解鸣驾驶，一双儿女端坐后排。上海译制片厂的孙渝烽已在车上，我俩是作为圈中好友被孙老特邀参与其盛的。途中自然询及孙老病况，知他失忆依旧，仍难以表述。前一阵是对20世纪二三十年代的往昔记忆真切，对近阶段的人和事全然忘却；近阶段发展得连往事也模糊了，这病使他脾性也日渐暴躁……回想他往日的谦和、健谈，不禁唏嘘，感叹世事的无常。

个把小时的车程，已抵达新落成的嘉善文化艺术中心，张灯结彩的“孙道临电影艺术馆”正以鲜花和红毯笑迎宾客。孙老在夫人王文娟等亲友的搀扶下，已早于我们稳坐在轮椅上了。见他略显消瘦，由于带状疱疹的困扰，唇边周围素为“禁区”，今天也修剪过。看得出，他难抑重回故里的兴奋。见到我们，他笑吟吟地说：“来了？”我趋前紧握其手，温暖而

柔软，眼神真挚而专注，我相信他是认识我的。

随即，我们先于观众入馆参观。展馆在占地近10万平方米的艺术中心之显要位置，规模之大超乎意料，对孙老从艺前后的经历皆有十分精细、生动的展现。超大的立式灯箱，矗立着他塑造的许多艺术形象，熠熠生辉；栩栩如生的蜡像，真实展示了他导演、主演《雷雨》时以及在《永不消逝的电波》中表演的场景；展区镶嵌于墙体内的屏幕上，滚动播放着他的多部代表作；尤其是1：1真人大小的家庭生活仿真“幻影再现”，更令人赞叹——观者仅隔一层玻璃，仿佛身临其境，与孙老共享天伦之乐以及含饴弄孙的亲情。据说，仅这一项高科技制作就耗资80万人民币，令人不得不敬佩县领导在经济腾飞的同时，对彰显原籍艺术家功勋、推动文化建设所投注的资金和胆识！展馆在孙老历年获得的荣誉（奖杯、奖状）展示厅画上了句号。当然，展馆的成功，上影创作部门提供的翔实史料、精良制作也功不可没，大大提升了展馆的艺术欣赏价值。

我与孙渝烽先浏览一遍，然后折返，由头至尾有选择地重看一遍，仍觉意犹未尽。二人情绪亢奋，边摄边录，俨然成了时下的追星族、孙老的拥趸。我们相对莞尔一笑，都快古稀之人了，却当了一把“老粉丝”。害得王文娟老师派人前来寻觅两名“失踪者”，险些误了参加开馆仪式的大事！

说起来，我还真曾是他的追星族。早在20世纪50年代，我在上海戏剧学院表演系就读时，他就是我崇拜的偶像。看了他主演的《渡江侦察记》《永不消逝的电波》《革命家庭》等电影后，对他深沉、隽永的表演十分敬仰，梦想将来能成为他这样的艺术家。大约是1958年吧，一次全班同学在电影局“内线”牵引下，于淮海中路小放映厅观摩英国原版片《王子复仇记》。那是我第一次见到他，至今依然清晰地记得，他穿一件墨绿色鸡心领毛衣，帅气而友善，毫无明星架势。从知情者处获悉，他是为劳伦斯·奥立弗译配而来再次观摩的。直至现在，那段“生存还是毁灭”的经典独白依然萦绕于人们耳际。那天，精彩的影片以及与偶像的零距离接触，使我感到无比幸福和满足。

命运之神对我特别眷顾。不久，我从戏剧学院毕业了，我们班只有两名同学分配至电影厂：周以勤去“天马”，我入“海燕”，而孙道临正是剧团副团长和演员组大组长。从此，我们有了面对面的相处，有了艺术的交流和心灵的沟通。这段亦师亦友的情谊，迄今已维系了近半个世纪……

进厂之初，正赶上宣传“三面红旗”的热潮。演员组时常兵分几路深入工厂，为工人演出，相互鼓舞斗志。鉴于我对写作和朗读的兴趣，创作过几首励志诗，刊发于《上影通讯》，并且多次参加剧团的朗诵。记得当时排练一个集体朗诵，孙领诵的起始句是“太阳，升起365次，月亮，落下365次……”我被他醇厚、乐感的语言韵律所吸引，私下揣摩、练习着。很快地，我们发觉在文学、语言等诸多领域有着相投的志趣、共同的爱好。我以敏锐的心，海绵吸水般地向他求教。当我接到电台送来的散文、诗歌，反复吟诵实录之前，会去他家念给他听，他总是诲人不倦，从不吝啬精力和时间；遇到疑难字，他更是一字不苟，惟字典是问。久之，我也学着像他一样，包里备本字典，以防不时之需。如果他有任务不能来演出，领诵的任务就落到了我头上。也许是“惺惺相惜”吧，我的音色、语速、处理都酷似他，难怪合诵的大哥、大姐们惊呼：“来了个小道临！”

“来了个小道临”一时在电影厂不胫而走。我很庆幸，涉世之初就遇到一位提携后生的恩师！尽管在当时乃至以后的日子里，他始终不让我喊他老师（说来你也许不信，他让我“随大流”，称他“道临”），但从那

时起，我打心眼里确信，这是一位可以一辈子追随的良师益友！这种笃信是任何称谓都难以涵盖，更不是一般师生情可以概括的。

1959年底，上海文化局和剧协联合举办上海各剧种青年演员汇演。海燕厂选择了话剧《家》中的“洞房”与“别梅”两个片段参演（王苏江饰瑞珏，吴云芳饰梅，我演觉新，孙道临担任导演）。由于他拍摄过影片《家》，故将他对人物的理解传授给我们时，往往十分感性。记得一次分析瑞珏似泣血的杜鹃时，竟然泪流满面，难以自抑。汇演是在长江剧场举行的，彩排进行得很顺利，给媒体留下了良好的印象，看得出他也很兴奋。不料次日正式演出之前，我却收到他托人带来的一张字条，大意是因有重要会议，不能前来助阵，密密麻麻列出我需改进之处。带着这份嘱托，我情感充沛地跨入赛场，在靛蓝色的追光中，开始吟诵觉新的独白……

如果说，我们第一次艺术上的碰撞是在舞台上，那么电影中的合作则是1960年。是年春夏之交，我接受了扮演《51号兵站》梁洪的任务，从排演到拍摄，直至最后的小结，都是在他的悉心关注下完成的。其间有两件事我记忆尤深。一是导演刘琼告诉我的，他说为了烘托你的儒雅特质，需要寻找一个有文人气质的政委。我们煞费苦心，因该角色仅两场戏，请名角出山难以启齿，不料孙获悉后主动请缨。二是当影片完成后，我向演员大组做的创作总结过于“学院派”，一时质疑声四起。是他给了我“胜不骄败不馁”的具体指点，帮助我调整心态，走出误区，正确分析和听取来自不同层面的意见。为了改变我的书卷气，他力主我深入部队当兵。果然，在嗣后两个多月的步兵生涯中，留下了我一生难以磨灭的足迹，对我以后的生活、创作产生了不可估量的影响，这是我至今仍感怀于心的。

20世纪60年代初期，上影剧团的宗旨：有合约的演员上戏，暂无任

孙老对我的影响亦师亦友

务的排话剧，借此锻炼演技。所以那个阶段我先后排演过《破旧的别墅》《南海长城》和《星火燎原》。在5幕话剧《星火燎原》中，与孙道临同饰农民暴动领导者陈子平（B组）。1962年，又在根据雪克小说《战斗的青春》改编的同名话剧中，扮演由革命—不革命—反革命转变的区委书记胡文玉。一干主要演员在导演孙道临、中叔皇的率领下，深入河北滹沱河边的沧州和献县等地深入生活，体察民情。排练后，先后在上海和镇江等地公演，颇受好评。可以说，那些年是我与孙老接触最为频繁的阶段，对我艺术审美、人生坐标的确立，都起着关键性的作用。

尽管我们谈艺术、谈人生，可谓无所不包，但有件事他始终守口如瓶，从未披露。为了增强演员的形体驾驭能力，一方面强身健体做些器械训练；另一方面邀请了昆剧名家方传芸，来团辅导诸如云手和圆场等传统基本功。由于在“上戏”，方老师是我中国古典舞的代课老师，故我负责联络与接待等事宜。孙道临也从不以团长自居，坚持与我们同学共练。但有几次“回课”时，他的云手幅度有不同程度的变异：幅度瘦身了。方老师指出问题后，他一脸“找不着北”的茫然。此时，正是排练《战斗的青春》阶段。一天，副导演中叔皇神秘兮兮地告知：“导演家有要事，请假3天！”大伙始顿悟：张瑞芳大姐做媒的好事终于玉成矣——这3天正是孙道临和王文娟喜结连理的日子。在当时的社会背景下，两大艺术家的结合竟如此低调，确实令人敬佩。至此，“云手变形”也随之揭晓——显然是王文娟“开小灶”辅导的结果：旦角的动作幅度当然比生行要小些嘛！这竟成为当时的一段佳话。

不久，他因接拍北影谢铁骊的《早春二月》去了北京，我则接拍《白求恩大夫》，与李农在北京随张骏祥导演修改剧本。在去房山县外景地之前，曾与孙道临、上官云珠和高博一起共进晚餐。记得他当时为了饰演萧涧秋而减肥，当他向我们征询有无效果时，高博在一旁“揭发”说：“白天又跳绳又跑步，晚上饿得不行，偷偷吃巧克力，白搭！”风风火火赶来的上官则向我们献宝——炫耀她在东单市场淘来的各色耳坠，说其中一副可用于文嫂……大家交流近况，互相调侃，宛如家人般的温暖。那真是一段美好的时光。我的心像蓝天般高远，似乎有一股力量在内心涌动，为了实现心中的憧憬，可以随时冲上云天……

好景不长。1966年，一场民族灾难由天而降，那么突兀、凶猛，从此乾坤颠倒，人妖莫辨。纵然不堪回首，不愿、不忍再回望这段历史，但谁也无法回避。“运动”初期，在巨大的政治压力下，我也做过违心的事，写过“揭发”孙道临的大字报。尽管我苦思冥想，字斟句酌，罗列了几条罪状，如散布小资情调、引导青年走“白专道路”等，自觉已无限上纲了，但离工、军宣队的期望相距甚远，他们一直在等待我拿出有分量的“爆炸性”大字报来。当大字报贴出后，我真希望刮一阵台风、下一场暴雨，吹去、淋走我心头的负疚感……

不久，我因参加“张瑞芳专案组”，在图书馆查阅资料时，发现蓝苹在20世纪二三十年代的劣迹，在同伴中窃窃私议过，于是被人告密，以“攻击伟大旗手”的罪名被隔离于革命群众之外，进入了“兔棚”（“兔棚”原有沙莉、康泰、曹铎几个，都是有着说不清、道不明“问题”的人）。因无人问津，后又并入规模稍大的“羊棚”，彻底由革命群众沦为被革命的对象。

造化弄人。我与孙道临再度合作竟是在“给出路学习班”里。当时，我刚匪夷所思地完成了由兔—羊—牛的“三级跳”，与走资派和反动权威等大人物囫囵一起，令人“受宠若惊”。孙道临被工、军宣队任命为学习组长，不知谁说我擅速记，遂被指派为记录，辅助孙工作。于是每天挥汗

卖力劳动之余，学习讨论是我们神经高度紧张的时刻，不但要将“牛鬼蛇神”的发言记下来，还要归纳，既要准确，又要公正，逐条整理成简报，才算完成重任。每当夜幕降临，“棚友”纷纷离去，我俩便以馒头果腹，在昏暗的灯下劳作。说来这是一天中最为宽松的时刻，没有高音喇叭的吼叫，没有革命小将的揪斗，甚至无人监管。我们也交谈、也议论，但却被一张无形的网所笼罩，再也无法回到从前。而那张大字报宛如一把双刃剑，刺伤了他，也落下了我的心病。兜兜转转，有几次我几乎要把在心中默念了千百遍的“对不起”说出来，却又缺乏勇气，生怕将结疤的伤口再度揭开。他是敏感的，意识到我想说什么，总是巧妙地避开，始终不给我任何机会，埋头于整理文案之中。

一位哲人说过:“苦难是炼金之火，使你更加纯净。”我们正是在人生的大挫折中淬火，不断地完善自我。有时看着他锲而不舍的专注神色，不由会生出几分悲凉；更多的，却是被他傲视逆境、处变不惊的淡定所折服。他的人格魅力，使我深受感染。我庆幸，在最艰难的日子里，依然是他的学生，和他荣辱与共，结伴跋涉在不可知的命运中，留下一串至深至疼的印痕……

这种认知，在1970年春，我在奉贤干校意外受伤骨折时，感受愈发强烈。当时我在干校负责所有成员的用水，从喝到洗，由我自清晨一担担挑到日暮。那天不慎，我在挑水途中意外摔倒，跌得很惨。那天下着大雨，我被孙道临、杨在葆、温锡莹、仲星火、乔榛、张云立、曹铎等十条大汉轮流抬着，由泥泞不堪的干校运往公路，送去市里的医院。至今，我仍记得他们抬着我在泥淖中行进时的喘息声。在凄风苦雨中，分不清是雨是泪，我深知那是我的心雨在荡涤灵魂！

十二三年的冤屈，终得昭雪。冬去春来，大地复苏。我们无暇反刍炼狱的苦难，各自重拾精神披挂上阵，加倍珍惜被蹉跎了的岁月。1980年，我在长影赵心水导演的《瞬间》中扮演主角石峰，在外景地杭州巧遇在北影《李四光》中扮演李四光的孙道临。互披战袍，在异地重逢无比欣慰！他约我午膳，之后陪他去浙江人民广播电台录制鲁迅小说《伤逝》。在机房一隅，我再次聆听他如泣如诉的演绎，音色一如既往的醇美。陶醉之余，更感奋于历经沧海，彼此情义的坚韧！那阶段，我在长影招待所最企盼的，除了家书就是他的信函。他总是言简意赅，至信至诚，他的狂草字体，最能辨识的莫过于我，因为我对此太熟稔了；如同他，从初识我那一刻起，最能读懂我一样。

从1980年开始，我除了电影、电视剧外，又向主持、歌唱等多个领域发展，彼此都更为忙碌。1985年，孙道临率中国电影明星艺术团出访新加坡（我们是作为“新加坡航空公司”新加坡—北京开航的第一批文化使者抵新的），他将出国前在北京先期排练、住宿、联络等许多事宜交由我去“打前站”。在狮城的十天演出中，精心编排了三套节目，我一人兼主持、独唱、话剧数职，忙得不亦乐乎。在孙道临执导的话剧《雷雨》片段中，我饰演周萍，游走于繁漪（顾永菲）和四凤（张瑜）之间；在喜剧《镀金》中，我与孙道临、程之、陈述、顾永菲、郑振瑶、张瑜同台演出，被誉为“珠联璧合”，在当地引起轰动。

之后，他曾筹拍根据沈寂同名小说《大世界》改编的电影《花花世界》（描写旧上海黄金荣、虞洽卿和黄楚九等历史人物的典故），他主演黄楚九并执导，演员有刘琼、舒适，歌舞明星李玲玉、周洁等（我和周洁演一对情侣）。演员阵容坚强，场面浩大，拟动用直升机以及庞大车队。厂里已通知我们下组并量制服装了，仅服装一项已花费逾5万元。据说后因成本超高，报批未遂而匆促下马，究竟为何猝然停拍，至今仍是个谜。

2001年7月1日，在建党50周年大型歌会上参加朗诵的全体成员：秦怡、孙道临、赵屹鸥、方舟、赵静与我。

1989年4～5月，在广州沙面召开了孙道临表演研讨会，他邀我和旅居国外的顾永菲回来参加。记得参加者有梅朵、白桦、汪天云、罗君、黎小铿等沪穗影评人以及学者。作为他的学生我发了言，从他对我表演上的关心、帮助直至我的过失、他的宽容……我只拟了个提纲，由于有感而发，一泻千里，直抒胸臆，大有一发不可收之势。

也许你会以为他是个正襟危坐、不苟言笑的人，其实不然。有时他的惊人之举，表现出极强的幽默感。新世纪的2001年7月1日，在上海市委组织部、宣传部主办的建党50周年大型歌会上，孙道临、秦怡、赵静、方舟、赵屹鸥和我合作朗诵《春天的故事》。在万人体育馆的后台，趁演出间隙，请人为我们拍照留念，当照相机快门即将启动前一瞬，孙道临突然然迅疾地将茶几上的花束置于秦怡脑后，犹如从她脑后长出一簇花来，而此刻的秦怡浑然不知。我们几个知情者随着他童心未泯的恶作剧笑得前仰后合!

2001年12月，我应邀参加在北京中山公园纪念堂举办的“聆听经典”音乐朗诵会。孙老是参加朗诵会次数最多的上海演员，他一直欣羡北京良好的朗诵环境——有相对固定的演出场所和培育多年的听众。演出前合乐时，他对我朗诵戴望舒的名篇《雨巷》做了辅导，要求我更含蓄地表现诗的内涵。演出期间，恰逢我63岁生日，他闻讯后忙着张罗开了。当晚演出后，在咖啡厅和姚锡娟、肖雄、丁建华等一大批人为我办了一个热闹的生日派对，令我终生难忘。其实，我知道孙老近年一直有个宿愿：在上海办一个朗诵艺术团。在他多方奔走下，连节目单都拟定好了，电话通过无数次，他亲力亲为，联络同好，其执著、热切之情，令闻者动容。我就一次又一次从电话中听到他兴奋、喜悦、几乎接近胜利的声音。后来终究因诸多因素无疾而终，成为一件憾事。

上海大舞台纪念孙道临诞辰90周年朗诵会

新依旧
周年诗歌朗诵会

2002年后的几年中，我们多次在大型的活动中有过朗诵的合作，只是没有在银屏上再度合作的机缘。不想2003年年底起，一场共同维权的官司又把我们联结在一起。从不做广告的他，被浙江一家药业公司的侵权行为所激怒，此事令他心力交瘁，常常“震怒”到难以自控。他觉得此举是对他人格和尊严的侮辱，这是我与他接触几十年来从未看到过的。虽然历时3年，最后以我们胜诉告终，但对他精神的打击和健康的摧残，远非经济可以补偿的。其实当时，他的失忆已有征兆：一次，他打电话通知律师以及当事人开会，到约定开会时间时，却独缺他本人。致电后，他始想起才匆匆赶来。联想起多次朗诵候场时，他嘴中总是喃喃有词，目光迷离，表现出超乎寻常的紧张；现在回想起来，他是在努力地与失忆抗争啊！开始只听说他受到带状疱疹的困扰，2005年仲夏，我去华东医院探视时，俞卓伟院长告诉我，他脑中淤血形成的血块压迫了脑中枢神经，造成脑萎缩，使他记忆衰退。当我急切地询问有无治疗良策时，俞说已在药物治疗，最好的结果就是一如现在——维持现状不再发展。闻言，溽暑中令人不寒而栗！这好比电脑遭遇病毒，储存的信息生生地被永远删除了，况且没有备份，失去了的永远找不回来，怎不令人痛惜！好在他的精神和胃口都还不错。我临走时，他还叮嘱护理阿姨，将我带去他爱吃的菠萝炒饭放置冰箱，明天再吃。当时心中真是五味杂陈，感慨万千。

2007年4月中旬，我邀约孙老的一位老友是裕兴同去他家造访，奉上年初中国电影出版社为我出版的画册《梁波罗艺海之旅》。他比两个月前清瘦了些，说是受牙痛骚扰。不过精神依然矍铄，手捧新书十分高兴。朋友打趣地问他认不认识我，他说：“认得！我们同事几十年啦！”转而问我今年岁数，当我告诉他年近7旬时，他笑道：“你也快70了？不像！看着顶多50！”还问我去不去厂里，我说退休了，很少去，心中还为他近期康复有所进展而窃喜。文娟老师告诉我们，几天前他专门去拜访过张瑞芳，向她谈今年的工作设想，被大姐狠狠批了一通。张瑞芳说："现在第六七代导演人才济济，你还劳这个神干吗？好好养病！"闻言，他像霜打的柿子，蔫儿了。回来又想不通说："光活着不干事，有什么意思？"此刻，孙老端坐一隅，听后补充道："后来瑞芳又特意来电话道歉，说她的话说重了，过头了！"旋即粲然一笑。

闻之，不禁令人肃然起敬：一个是忘了年龄和病痛，心心挂念要重返战场；一个是真情至性、快人快语，生怕伤及故友主动致歉。两位耄耋老人跨越半个世纪，风雨与共的创作友谊老而弥新，坚如磐石，令我感同身受。他们德艺双馨的美好情操，不愧为后生晚辈的楷模。令人痛心的是，8个月后，孙老于2007年12月28日、张瑞芳老师于2012年6月28日先后离开了我们，留下无尽的悲痛。

2011年岁末，上影剧团、文联等联合举办了"音容犹在光彩依旧——纪念孙道临诞辰90周年诗歌朗诵会"，以他生前最喜爱的诗和歌的形式怀念他。孙夫人王文娟、老艺术家秦怡和歌唱家廖昌永等都出席了。我朗诵了汤昭智的诗《没有谢幕的时候》，往事历历在目，心潮起伏，难以自抑。

感谢中唱上海公司出版了《孙道临演唱十首中外名曲》CD，使我辈得以集中聆听斯人歌声。《我的太阳》《菩提树》《花非花》……富有穿透力的华美歌声，在钢琴的衬托下，显得如此辽远、空灵，似天籁之音洒落人间。"天妒英才"啊！我边听边想，令人不胜感慨：遥看当今中国影坛，似孙老这般能演能导能写能诗能歌，将毕生奉献给电影事业、兼具学者气质和诗人风度、德艺双馨的全能型艺术家，能有几个？凝想中，传来《铃儿响叮当》飘逸而动感的前奏，他将中文歌词镶嵌在熟悉的旋律中，

2001年12月，参加北京中外经典诗歌朗诵会的演员为我举行生日Party

Cafe

闪烁着俏丽的光泽。听！那是李侠的声音，萧涧秋的声音，还是江梅清、高觉新的声音？那是我们心目中永远的“王子”孙道临的声音——他本身就是一首如歌般的诗，如诗般的歌:“叮叮当，叮叮当。铃儿响叮当，我们滑雪多快乐，我们坐在雪橇上，飞奔向前方……”

演出当晚，我做了个梦，色彩斑斓，诡异奇幻。梦中那位快乐长者驾着雪橇，在银色世界里驰骋，高歌猛进，一路追寻他心中未竟的梦去了！

“较真陈述”与“率性于飞”

说起陈述和于飞二位前辈，我曾尝试用两个字分别形容他们，发现比较确切的概括应该是——陈述“较真”，于飞“率性”。倘若用3个字概括呢？前者或曰“倔老头”，后者或曰“老小囡”。两个水火不相容的个性，却阴错阳差地在晚年时常会被纠葛在一起，演绎出一幕幕令人啼笑皆非的活剧。

陈述长我18岁。他一贯信奉黄炎培的格言：“金的人品，铁的纪律”。在现实生活中，他也确实以此作为追求的目标。

他是个才华出众、卓尔不凡的人。上至天文，下至地理，几乎无所不知、无所不晓。从外国政坛的嬗变，到中国朝野的更替；从黄金荣、杜月笙的发迹，到同事好友的生辰八字，他都了如指掌，烂熟于心，而且精准度达90%。他似乎是一台万灵的电脑，瞬间可将你需要的答案查找出来。他兴趣广泛，字画作品可以面世，摄影属准专业水平，拍、冲、洗、印“一条龙”，直至成像送到你手中。化妆更是一把手，尤其女妆，一经他手，化腐朽为神奇，徐娘变千金！别看他平脚，却是个体育超级发烧友，当过泳池救生员（20世纪60年代，我也曾受过他的指点），还曾是新中

2001年我与陈述、李波在珠海

国足球比赛直播解说第一人。遇到大伙不识的生僻字，同仁准会一致举荐去找陈述。英语是他强项，谁要是买个舶来品，对照说明书上的洋文，他即刻能说出个子丑寅卯来……所以他素有“万宝全书缺只角”的美誉。一些女同事更是调侃他说：“陈述啊，就差不会生孩子，没他不知道、不会干的事！”有时，他为了证明自己记忆精确，不仅报出事件发生的年月日，甚至时分秒。虽不乏卖弄之嫌，毕竟无人会去深究，往往相对一笑了之。

为此，他在“文革”中吃尽了苦头。为了审查他的“历史问题”，造反派“以子之矛，攻子之盾”，说为什么别人的事你记得一清二楚，到了自己的事就一问三不知，语焉不详了呢？说明你不老实！这时他百口莫辩，与昔日判若两人。

他是个“钉是钉铆是铆”的实在人，与其无中生有、黑白颠倒，他宁可一言不发，守口如瓶。对他的审查是漫长而严酷的，连轴转的口诛笔伐，无休止地交代检查。由于他的“抗拒”，每月一次返市区4天休假的权力也被剥夺了。看他闷头干活、沉默劳作的模样，着实令人心酸。那阶段，他的笑神经似乎瘫痪，属猴的人耷拉着一副马脸。

一次休假回来，发现他的床头墙角摆放着一排工艺品：竹制的笔筒和烟缸。原来这是他趁4天休假，独自在干校领地内，采集竹根和竹节作材料，经过锯砂锉凿数道工序后，用画笔绘上山水“旭日东升”，用毛笔题上诸如“东方红、太阳升”之类工整楷书，表面刷上清漆，一手打造的作品。可说是小巧玲珑，人见人夸！在一片赞叹声中，求索者踊跃，此刻他脸上才浮出一抹久违的笑意，为自己的成就感而陶醉，仿佛从而体现了自身存在的价值。

我隐约感到不安，又不忍挫伤他的积极性。在那个杯弓蛇影、风声鹤唳的年代，遍布荆棘和陷阱。我也曾偷偷劝他适可而止，注意分寸，他大

度地表示自己反复思量过：用的材料是废物，制作时间是自己的，谁想要最多提供些材料，化废为利，何罪之有？依然乐此不疲。

曾几何时，消息传到工、军宣队耳朵里，果然作为阶级斗争新动向来抓。他被拉来批斗，个别热心索要者此刻角色转换，翻手为云，覆手为雨，摇身一变成为热心的批判者，痛心疾首、义正词严，喻为腐蚀、拉拢革命群众的鬼魅伎俩，遭到狠批猛砸。此刻，我窥见一个真正苍老而迷茫的陈述。我真担心他在人生的博弈中连遭重挫，会从此一蹶不振，甚至做出绝望的消极行为；所幸没有。别瞧他瘦骨嶙峋，仙风道骨，却是心智超常健全，经得起折腾。大约在黄炎培格言的昭示下，自觉接受烈焰的焚烧，因为纯金是需要在高温下锻造的，他在淬炼“金的人品”！经过短时调适，一个沉默叠加的陈述重新出现，杠棒也未必撬得开他的嘴，遑论笑容了。

由于祖辈的德国血统，于飞长相酷似老外，素有“假洋鬼子”之称。在改革开放之前，国门未曾洞开，中外演艺人才缺少交流，影片中大凡外国传教士、神甫之流的角色，乃是于飞的专利，非他莫属。这个比陈述小两岁的“开心果”，要比陈述幸运得多。由于他的不问政治，加之上佳人缘，使他在这场灾难中未受毁灭性打击，善良和乐天的秉性得以较完整地保存下来。

暮年时的于飞最大的乐趣在于吃，他自诩为半个“美食家”。去哪里，都要打探有何地方特色的佳肴可供品尝。其实他对食物的要求并不苛刻，但只要面对一桌菜肴，即刻会情绪亢奋，食欲大振起来，万般感受化作一声赞叹：“鲜”！无论面对新朋老友，不管谁人做东，他都自觉反客为主，敬酒劝菜。陪同他用餐，你会被他的热情点燃。其实有时他的味蕾也

20世纪80年代，与于飞（左一）摄于温州

会被自己欺骗：不止一次我发觉盘中海鲜有异味，看他仍大快朵颐，“鲜”声夺人，悄声提醒他少啖几口，他才止筷，倒是言听计从，从不违抗。他说，因他“崇拜”我。

说起“崇拜”，源于20世纪80年代初一次去深圳的演出。于飞虽原籍广东，却不谙粤语。我用广东话与当地人一番砍价后，买了一只当时上海少而贵的拉杆箱。他在一旁跟进，大呼过瘾。从此凡是我买的东西，不管他是否需要，非买不可。理由十分怪异：崇拜我！我明知他是逗我开心，当然未曾介意。不料之后，1989年在佛山参加港台和内地艺人联合演出，返沪前一天，我为了装修需要，买了一盏当地产的欧陆式街灯，十分典雅，准备用于装饰玄关。他见后不依不饶，一定也要。此刻已是华灯初上，马上要化妆上场了，我没理他。不料散场后，他拖住我就走，连从不放弃的夜宵也不吃，定要我陪他去买，一副志在必得的架势。我拗不过他，将早已打烊的店门敲开。好在是民营店，老板听明来意后卖了一盏给他，高兴得他连蹦带跳，活脱一个老顽童！他还诡秘地说：“这种式样的灯，我们两栋大楼（于飞与我分住两幢相邻的上影公寓）各有一盏。崭！”一个字的形容词特别生动，这“崭”（好极了）在我听来，跟“鲜”有异曲同工之妙。跟老于在一起，你也会被他的童心童趣感染，变得格外年轻起来。

在“文革”之后兴起的“走穴”风中，陈述和于飞是风云人物。于飞是自程之故世后，才与陈述开始搭档说相声的。原先是陈述捧程之，后来就是于飞当捧哏，陈述当上手，他们的合作受到各地观众的欢迎。陈、于经常同住一室，但于飞说我不吸烟、不喝酒，特安静、特干净，所以与我“同居”的次数也不少。

演出前，在后台最活跃的莫过于陈述。别看他一把年记，拿个大顶、竖个蜻蜓，同时美声喊嗓是常有的事——前提是要有众多美眉在场，她们的惊呼和击节声，常令他血脉贲张，动作更加漂亮！兴起时，双手撑两个矮桌玩一把双杠，也是稀松平常的事。此刻，于飞则是安静地沏壶茶，轻啜慢饮，低声细语地与女演员们聊聊家常，嘘寒问暖，好不热络。二老文武相应，动静相谐，俨然台下一道风景。

陈述的“较真”是出了名的，记得两件发生在20世纪七八十年代的轶事，印象很深。一次是在街头，有位仰慕他的观众未经他同意擅自按下快门。他发现后，先好言相劝，对方不予理睬。他严词训斥，直至当场将对方胶片曝光，这才罢休。看来他维护肖像权的意识远比我们早得多。还有一次去长江三角洲的某个县城组台演出，演出在夜间，白天他喜欢约麻友搓搓小麻将消遣。为了创造舒适的环境，他不惜自带大灯泡、麻将牌，甚至就地取材自设牌桌，以酬同好。那次是早晨开搓，大家兴高采烈，须臾已午膳时分，约定下午13:00继续战斗。兴许赶上庙会，午饭后返途中摊档林立，小商品多姿多彩，留驻不少路人的脚步，待麻友到齐已是13:30了。只见陈述铁青着脸，青筋隆起地说：“我生平最恨不守时的人！说好了13:00，我是一路小跑赶回来的，你们为什么姗姗来迟？”沪剧演员茅善玉见状想缓和一下，连声认错说：“对不起陈老师，不是玩玩嘛，干吗这么认真？”这句话犹如点燃了鞭炮的引线，更加激怒了他。“不搓了！”说着就把麻将桌一把掀翻，把个小茅吓得花容失色，众人面面相觑，不知所措。此刻，于飞见势当起了“老娘舅”，平素不理家务的他又是搭桌，又是拾牌，还拿起扫帚归拢散落的筹码……就是这个和事佬，其实与他完全不搭界，为了息事宁人，他宁可将错揽在自己身上，边扫边念念有词：“我的错，好吗？我的错！”他的满面春风才平息了这场风波。继续战斗时已

是索然无味了。不知陈述是否遵循先人黄炎培的训导，无时不在实践“铁的纪律”呢？我目击全过程，觉得又可气又好笑，一个“认真”得怪异，一个“率性”得出奇。

透过于飞善良的瞳仁，我不禁忆及1978年他在新疆对我的一次慰藉。那是我初获“解放”，参加刘琼执导的《沙漠驼铃》在新疆拍摄期间。十二三年与专业以及同仁的疏离，使我在镜头前，跋涉于灼人的沙海中，常被幻觉和眩晕所笼罩，似梦似真，亢奋之情难以言表。入夜，好客的鄯善人总是以各种名目邀请来自上海的客人去做客，新疆人生性豪放，歌舞和白酒是他们须臾不能离开的。赶墟、婚嫁、寿典，甚至少年施割礼，一律狂欢豪饮。一天，在主人盛情邀约下，我被炽热的气氛所感染，仰脖一饮而尽。不想后果很严重，由于不胜酒力，竟烂醉如泥，果真应验了“酒后吐真言”这句话。经过酒精的刺激，一切都变得恣意狂放、肆无忌惮起来。我踉踉跄跄的步态加之喷薄而出的话语，仿若在清醒中感受混沌，于混沌中体味真情。一时间，我像换了一个人，口无遮拦，难以自控……

于飞是第一个发觉我神情有异的人。他过来搀扶我，紧紧地挟持住我走向小径。我毫无顾忌地向他诉说“文革”中不公的待遇，宣泄郁积心底的愤懑，竟然在他面前放声大哭起来。他理解，我这是喜极而泣。他耐心地陪伴着我，甘愿做我最虔诚的倾听者。具体说些什么劝慰话我全然忘记，只记得他一再重复：“过去了，一切都过去了！”说时拍打着我的肩胛，抚慰着我，直至把我交托给好友刘斌，他才返回欢乐的人群中去。

这是我一生中唯一的一次醉酒，醉酒的滋味很不好受，直到第二天也未醒透。后来于飞告诉我，由于他理解我的境遇，故没有将我醉酒的事告诉任何人，以保护我的“美好形象”。遭遇此事，使我对他的“好好先生”有了更深层次的认识。自然，从此我再也不敢贸然亲近酒了，尤其是

照片中人物（左起）：关栋天、吴海燕、我、张瑞芳、陈述（摄于20世纪90年代）。

白酒。

回忆起来，自我入影界后，虽然与于飞在《沙漠驼铃》和《蓝色档案》中有过两次合作，但是都没有对手戏。与陈述却在1960年《51号兵站》中有过一场对手戏，他演金老太爷，我演“小老大”梁洪；1964年在话剧《南海长城》中，他演老民兵赤卫伯，我演“靓仔”林步高；1985年在新加坡于话剧《镀金》中，我们饰演赵氏父子；1999年夏天，我们曾前往西昌卫星发射中心参加庆“八一”晚会，他邀我为他捧哏，这是我生平第一次说相声。他事先把一个手抄本给我做准备，抵达后排练几次才上台，我的相声“处女秀”是在他的帮助下完成的。虽说观众还挺欢迎，我自知缺憾不少，总想着以后再有机会弥补。不料上天再没有给我机会，2006年陈述老师仙逝，从此天人永隔，怎不令人唏嘘！

脚本中，在陈述更换敌情报处长服装的过程中，作为捧哏的我所说的一段话，大抵说出了广大观众的心声。“陈述的情报处长只此一家，别无分号，质量可靠，实行三包。黑白、彩色两部《渡江侦察记》的情报处长都是由陈述一人扮演，前后相隔整整20年，这在中外电影史上都是绝无仅有的……”有点后悔的是，我没有在他生前索要其墨宝，此刻我只能将他这份手抄的楷书脚本珍藏起来，作为对他的永恒怀念！

如今斯人已去，愿这一对欢喜冤家在天国依然是黄金拍档，愿他俩的欢声笑语永远在天堂缭绕！

枇杷飘香忆韩非

韩非是老资格的著名表演艺术家和喜剧大师，原名韩幼止，原籍浙江宁波，生于北京。1932年，他随父南迁上海，就读于上海青年会中学，参加了话剧《阿Q正传》的演出。1939年，他中学毕业后入中法剧团，相继在上海剧艺社等若干剧团当过演员，因在舞台剧《家》中饰演觉慧而闻名于上海剧坛，还曾出演过《大明英烈传》《雷雨》和《茶花女》等数十个剧目。他主演或参演的电影也是不可胜数，尤擅喜剧人物。说起和他的相识，得从我高中毕业说起。

高中毕业那年，我决定报考上海戏剧学院表演系，为求高人点拨，经由香港长城影业公司二舅李次玉的信荐，于1955年一个春晨，我来到位于巨鹿路韩非先生居住的公寓。

韩非夫妇热情地接待了我。我求师心切，寒暄过后，欲起身朗诵，韩非打断了我:“急什么！再聊会儿。”他嗓音清脆，语音纯正，真诚而风趣，不由使人忆及他在《哀乐中年》与《一板之隔》等影片中突梯滑稽的表演。眼前的他，和蔼得像故友重逢，毫无名人架子，我的心情顿时舒缓许多。再次跃跃欲试时，他却出其不意地让夫人李涴青端来一盘橙黄晶莹、壮硕无比的枇杷，径自带头品尝起来。客随主便，我也随之啖食。转

眼已临近中午，我再三恳请，终将备就的诗歌、散文、寓言和盘托出，以求指点。他微笑地聆听着，安详地注视着我，久久一言不发，我的心反倒忐忑起来……须臾，他朗声说："我看不错。湲青，你看呢？"他回头征询同行妻子的意见。"是挺好的。""就这么念，我看有希望！"他的脸上漾起友善的笑意。及至他俩送我出门，我仍是一头雾水。说实话，那次拜访，硕大甘甜的枇杷倒是成为迄今我对枇杷最美好的记忆。

生活本是一种缘。4年后，当我从"上戏"毕业，分配到上影，竟与他成为同事了。一次，当着孙道临老师的面，他调侃道："朗诵要找他当老师才对，当初你找错人了！"随即粲然大笑起来。后来我才获悉，韩非一向对朗诵有偏见，尤其忌讳拿腔拿调。此刻我始恍然：那次登门求教，着实难为了他。

此后，我们虽无缘在影视剧中演对手戏，却在人生舞台上有过较长共事。十年浩劫过后，几乎所有同事先后归队重返影坛，因查无实据未作结论的，演员组只剩韩与我。在大木桥路一间陋室里，我俩与丁里（制片）、贺路（导演）、顾征南（机关）5人每天印刷装订当时上影恢复投产的所有剧本。在丁里的传授下，5人小组的技术提高神速，无论交货要求如何紧迫，总能如期完成。一袭饭单、一副袖筒、一枚指套是我们的全副装备。我和韩非时常互为上下手，动作之默契，俨然行家里手。飘散着油墨清香的斗室中，唯闻纸张掀动的"刷刷"声，煞是好听；而富有节奏感的分、抓、拼、订的操作流程，常令过往的培训班学员（如陈冲、王伟平等）驻足观望……

春去冬来，我的心情日益沉重，表现为空前的沉默。一次，韩非一边吞食他每日必用的维生素C粉，一边凑近我说："不要着急，不要灰心，要相信组织，你还年轻，会有前途的。"他的话轻轻柔柔却字字震撼着我的心灵。确实，5人中数我最年轻，然也近40了，怎能不急？我抬头望着他，他脸上漾起那股暖暖的笑意，如一泓春水滋润着我干涸的心田，胜过当年枇杷的香甜。一个尚未逃离劫难的人，能保持如此笑靥，足证他的坚毅。所幸不久，5人先后离开了手工作坊，重回各自岗位，在艺术天地里，加倍努力地耕耘。

1982年，我们在影片《子夜》中以及在辽宁体育馆的舞台上有过两次合作。偶尔相遇，他总会投来狡黠的一笑，一切尽在不言中。

1984年11月16日，上影人在上海体育馆举行晚会，隆重欢庆上影建厂45周年，电视台还做了现场直播。记得上影剧团的同仁们个个精神抖擞，华服新颜，意气风发地庆贺厂庆以及个人艺术生命的第二春。在上影乐团伴奏、十几名姑娘的伴舞下，我演唱了《南屏晚钟》；刚从长春拍完《东方大魔王》的韩非与舒适、陈述、铁牛等众多老演员参加了游戏节目——头顶气球。他们诙谐而尽情地投入游戏，给观众带来止不住的笑声……

然而谁曾想到，当韩非矫健地将气球一次次顶过网去，一次次为观众营造欢笑时，却未能逃脱死神为他布下的罗网——40多天后，1985年的元旦刚过，韩非竟因心脏病发作而溘然长逝！中国电影界失去了又一位杰出的喜剧大师，我痛失了又一位良师益友。原本是一个喜剧的场景地，竟成了他与我们诀别的伤心地。想到这，就不胜痛惜，唏嘘不止。

照片中人物（自左向右）：陈奇、秦怡、我、刘琼、李歇浦

刘琼与我

在电影百年纪念活动中，朗读恩师刘琼的铮铮格言

“言简意赅”的刘琼

清明时节的一个黄昏，步出南京西路ZARA专卖店的瞬间，像是有个声音在召唤，我不由自主地踅入左侧的华业小区，仿佛践约去赴会老友似的。

这里曾是已故著名演员和导演刘琼的旧居，是我50多年前经常造访的地方。只是时光荏苒，周边建筑变化太大，他曾经的居室一时难以辨认。驻足环顾间，灯火渐次亮了起来。暮色中，略带沙哑而磁性的男低音从窗棂间飘逸而出，辽远而空灵：

“看过《瑞典女王》吗？记不记得葛丽泰·嘉宝站在甲板上的长镜头？微风吹拂着，她茫然眺望远方，纹丝不动泥塑木雕一般……看似无表演，其实是表演的最高境界！”

“表演确实要求准确，但在未能达到前，宁可不足，切忌过火，要留给观众想象余地——他们会帮你补充的！”

“调度真有那么重要吗？只要找准心理动作，任何台词可以站着，也可以坐着，甚至躺着说！”

……

记不清在这里有过多少次类似的夜话。在拍摄《51号兵站》期间，每

当我创作遭遇瓶颈或对表演心存疑惑时，都会去拜访他。他从不推诿，总是一袭居家小纺睡衣，应声从屏风后欣欣然走出来，和颜悦色，从容淡定。那年他47，我年方21。

为什么我那么热衷于家访呢？说实话，刘琼导演在拍摄现场是个寡言的人，他总是言简意赅。譬如，在解读吴淞伪巡防团团长时，他曾说："黄元龙，洋装要当中装穿！"就这样一语中的。一个封建帮会出身、胸无点墨的赳赳武夫，赫然现身，与西装革履、鼻架金丝边眼镜、老谋深算、笑里藏刀的敌情报科科长马浮根，自然泾渭分明，势不两立。但他不给你作详细分析，而只是点到为止。这就是他的一贯做派。当时作为新人的我，很希望导演能旁敲侧击，多角度地启发我。但他不，既不作示范，也不作详尽阐述，他说他一直生活在敌占区，没有新四军的生活，因此无法提供感性材料来帮助你。他认为，"我讲一遍，若你领悟了，下一遍就会不同；假如一再重申，只会增加你的压力和紧张。我宁可你按既定的想法去演，不至于莫衷一是。"由于他是演员出身，更理解给予演员自由表演空间的重要。拍完一个镜头，他从不当即说好或不好，总是笑吟吟的，耐人寻味。他不时会眯缝着眼，掌镜确认画面，思索着，调整着……气氛倒也未必沉闷，有时当摄影助理拉着皮尺丈量于镜头与演员鼻端之间时，他会冷不丁脱口报一个目测的距离，精准得让小助理和我惊诧得目瞪口呆。此刻，他会报以诡异一笑，糅合着"老影人"加"老克勒"的洋洋自得，化作狡黠的童趣，在冷峻的摄影棚里弥漫开来。

他每天出现在现场，都是山清水秀，服饰得体，细节考究，色彩和谐，赏心悦目，让人精神为之一振。兴起时，也会自嘲年轻时崇拜好莱坞男星，如泰隆 · 鲍华、克拉克 · 盖博、考尔门……欣羡他们的脸有沧桑感，于是按他们皱纹的走向，在自己脸上捏将起来，日复一日果真捏成了

2012年4月9日，纪念刘琼塑像落成典礼

当下的形状。他告诫说，千万别学他，气度靠内在修养，而非外在变化可以造就的。我倒确实仔细观察过，他脸上的沟壑居然还被我读出了门道：每当我这个镜头演得还行，他那人造皱褶是松弛的，反之则呈紧绷状态。当然，这个风向标的发现，我从来没有对他本人说过。

20世纪60年代初，一次由沈天荫带队的香港长城影业公司代表团来上影参观访问，团员有李萍倩、夏梦等人。他们深知老刘在香港是飙车一族，询问他现在驾驶的轿车是什么牌子和型号。老刘的回答令他们大吃一惊："老坦克—永久—凤凰"。在物质匮乏的自然灾害时期，如此回答不失乐观与幽默。在十分艰苦的境况下，乃至在后来十年浩劫的巨大精神冲击下，他始终初衷不改，并未动摇他对进步的向往，历经三次波折，终在古稀之年完成了入党夙愿。此等爱国情怀着实令人肃然起敬！

记得十年前，在"福寿园"陵园为刘琼塑像揭幕仪式上，主持仪式的同窗学友焦晃曾说："中国一个最潇洒、最有魅力的男士走了！"我想，即便在天国，您的身姿必然潇洒依旧。如今伉俪团聚，想来不复寂寞了。我们在缅怀您的同时，更要告诉您：您的人格魅力始终影响着我们，您虚怀若谷的人生态度，对艺术的敬畏和不懈追求，高尚的人品艺德，时刻温暖着我们，激励着我们继续前行。

孙景路方言驯猪

岁末，又是贺卡纷飞的季节，在回顾与展望中，总会忆及一些故人。

孙景路，是我从艺道路上一位难忘的良师益友。论辈分，我们当属两代；然而她豁达、热情，有时甚至童心未泯，使我们成为毫无代沟的朋友。关于她的名字，很多人会写错，因为“璐”字似乎与美丽女性更搭配，但正确写法应该是“孙景路”。据说，有人还专门向她询问过名字的正误问题，她如是答:“景路者，大路也。是‘景路’，不是‘景璐’。”乔奇与其爱女徐东丁、女婿崔杰（上影剧团团长），亦均从是说。再看《老上海电影明星》第167页左上端，当年孙景路送给《大众影讯》那幅《原野》中饰金子的剧照签名，就分明写着“孙景路”。此外还有一个小插曲：文汇报“笔会”在编发某文时，有人就为“路”和“璐”争论起来，编辑请教了报社内外的多位人士，最终由上影集团的许朋乐确认为“孙景路”——在此赘释如上几句。

我与她仅有的两次合作，皆为舞台剧。1962年在《破旧的别墅》中，我演克格勃，她演女特务；1963年在《年青的一代》中，我演林育生，她演林母。

《51号兵站》问世后，我深知自己尚存两大遗憾：一是军人气质不

1961年，在独幕话剧《破旧的别墅》中，我与孙景路演对手戏。我扮演吉洪诺夫，孙景路扮演女特务，导演为蒋君超、葛鑫。

足；二是表演元素“第二计划”(表演术语，即表面一套内心另一套)把握不够准确。于是在深入连队当兵后，又选择了《破旧的别墅》来锻炼。

这是一出充满“第二计划”的斗智戏，全剧仅两名演员，互作伪装，真真假假，反反复复。经过45分钟较量，最后以正压邪、克敌制胜。与素有《日出》中“活翠喜”美誉的孙景路演对手戏，我自然不无忐忑，她却亲切地称我为“小朋友”。在蒋君超、葛鑫的执导下，一遍遍地对词、排演，很快就配合默契起来。偶尔去她寓所磨戏，她那年仅5岁的女儿东丁充当“准导演”，小姑娘稚气而煞有介事地点评令人忍俊不禁。此刻孙大姐就会烤馍片来招待我，同时犒劳女儿。至今我仍能感受到那股沁人的香甜，不仅是因为自然灾害期间物资的匮乏，更因为品味到母爱和友情的芬芳。有时她约我去泰兴路文化俱乐部，切磋之余，为我介绍文化界的一些“大朋友”，如唐耿良、徐丽仙等沪上名家，皆是在那里结识。凡此种种，足证她对提携后生的热忱。

浩劫后的文革中期，我们在奉贤干校的饲养场重逢。那时她养猪我放羊，巧为近邻，“合作”在人生的舞台。乍见她，我几乎认不出来：扎裤腿、系头巾，近乎她在影片《小二黑结婚》中“三仙姑”的造型，神情却十分黯然。除了喂食、扫圈外，她夜以继日地织着毛线。不知她从哪里找来那么多旧毛线，也不知她织的是什么，织给谁？我很纳闷。

在终日与牲畜为伍的日子里，人的心灵似乎也获得了荡涤、净化，与小动物感情渐深。一天，她神秘兮兮地将钱千里、贺路和我几个羊倌召集到猪圈前，说要露一手她的“科学养猪法”。只见她手执树枝，边拍打边用上海话向群猪吆喝：“撒尿去！撒尿去！”少顷，三五头母猪循声带着数十头绯红滚圆的猪崽奔将出来，尔后各择一隅，果真按口令撒起尿来。更有趣的是，几只顽皮小猪明明无尿可撒，居然慑于威势站立片刻，佯作撒

状，左顾右盼，及至周围伙伴完事后，才一齐撒腿奔回舍去。“谁说猪笨？瞧多聪明！”我们几个笑得前俯后仰，为可爱的猪，也为率真的人。

平时一口地道“京片子”的她，怎么突然操起生硬的沪语？见问，她粲然一笑:“嘿，这你们就不懂了，上海猪，不说上海话它不听你的!”呵呵，畜生居然也讲究地域方言，否则会水土不服哦。听了她的解释，我们又是一阵哄笑。笑得最欢的是我，不仅为她的养猪术，更为她的寻回自我——前一阵看她不停地编织，神情忧郁，我就琢磨着，但愿劫后余生的她，是在将愤懑和屈辱编进心里，重又织出企盼和希冀……此刻见她如此开朗，我的担忧也有所消散。

渐渐地，我们的笑声由响变轻，由放肆变收敛——好在“猪羊王国”远离中心营房，不然又该成阶级斗争新动向了。

……

当1989年的日历刚撕去第一页，就传来了她因肾衰竭不治病逝的消息，回想起曾经和她相处的一幕幕，不由悲从中来。倏忽她已故去很多载，未知在天国的日子里，她是如何度过的？是否编织依旧？天际的彩虹，兴许凝结了她的劳作……

“棚友”黄达亮

此处的“棚友”，指的不是“摄影棚”里的棚友，而是“牛棚”里的棚友。在理应活跃在“摄影棚”的年代里，两个热血青年，居然不得不屈居于“牛棚”（“牛棚”乃大类统称，细分还有“兔棚”、“羊棚”之谓），但也由此成就了一段友谊。

“棚友”黄达亮是1963年从上海电影专科学校毕业后分配到海燕电影制片厂的，那年他20岁，比我迟进厂4年。我属虎，比他大5岁。当时正值青春年少，彼此不太熟悉，点头之交而已。进厂之初，他就被赵丹慧眼相中，1964年即起用他参加赵丹导演、主演的影片《青山恋》，出演青年寄望。赵丹对他确实寄予厚望，不止一次地向同仁说：“这小子将来肯定比我还红！”

这话因后来的“文革”而未应验。由于黄达亮俊朗的相貌以及运动员的体魄，使他一时成为众人瞩目的焦点。但涉世不深的他迅疾为情色所困，难以自拔，因此在史无前例的“运动”之前，他就以坏分子的名义接受批斗和改造，往往被打得鼻青眼肿，遍体鳞伤。一次，还被居心叵测之徒踹下舞台，令人胆战心惊。

由于他的错误性质属于生活问题，而非政治范畴，故造反派视他为

"死老虎"，无人问津，随意搁置于诸棚之外。久之，他竟成为"四不管"、专事劳改的"独立支队"。但凡遇上大型批斗，他也作为坏分子被拉来应景式陪斗。往往是正满身油污或双手泥巴地劳动时，突然就被拉来陪绑，责令低头弯腰，待批斗结束还云山雾罩不知所以。

我与他相熟，是在"文革"中。我因莫须有的罪名而被审查，由于捕风捉影，势必查无实据，解决问题也就变得遥遥无期。在知识分子审查对象中，我与黄达亮是最年轻的，因此所有最脏、最累的活，毫无疑义地分摊在我俩头上。我从小养尊处优，自理能力有限，更遑论其他技术了。而黄达亮聪慧灵巧，什么活儿一学就会，因而泥工、木工、漆工粗细兼攻，样样来得。我几次被他娴熟的泥工手艺所折服，更让人叫绝的是，他还有"少出力多出活儿"的技巧，演员组的老少爷们都受过他的点拨。他对我这个既是下手兼作拍档的小哥热情有加，表现出相当的耐心和宽容。至少，在寂寥的改造生涯中，多了一个可以讲话的人。他的乐观表现在从不违拗上级的安排，总是唯命是从，似乎天下没有他不会干的事。好几次我问他，为什么答应得如此爽快？他说，拒绝会有什么好果子吃，不是一样要你去完成？还不如干脆应承下来，再想办法解决，天无绝人之路，可以学嘛！

他会的确实不少，甚至对农活也是行家里手。"文革"之初，当我还在当"逍遥派"阶段，全厂下乡支援"三夏"。大家最怵插秧了：必须高挽裤脚，手执秧苗，站在齐膝的稻田里，弯腰一行行倒退着将株株禾苗朝稻田插去，同时还要警惕蚂蟥的袭击。比这更累的是挑送秧苗者：要从远处秧棚里肩挑一副满筐的秧苗，沿着潮湿的田畦快步走来。平衡掌握得不好，倒栽入泥田者屡见不鲜，在一阵哄笑声中爬起一个泥人是司空见惯的。但这种"待遇"仅对革命群众，达亮是审查对象，决不允许有半点差

2006年3月，老朋友相聚在江阴。左为黄达亮，右为祝希娟、崔杰。

庆祝上影剧团建团50周年的庆典上，中为黄达亮，右为吴云芳。

池。唯见秧苗不见人的挑夫准是他——因为秧苗垒得过高，往往遮挡了他的脸。但见他稳稳地走在田垄上，步调均匀，气定神闲，由于不敢戴草帽，晒得周身古铜色，赤裸的上身和黝黑的脸庞缀着点点汗滴，在晚霞中闪着光芒。当他卸罢秧苗，一个轻盈转体，仿佛一具雕塑米开朗其罗的“大卫”复活——只是他比“大卫”多穿了一条平脚裤。抬头再望，只留下他健硕的背影踽踽远去……

记得当时一个女造反派头头见状，嘀咕了一句:“这小子，真——”话未说完戛然而止。未说出的意思各人自有解读，究竟是“这小子真嚣张，真猖狂！”还是“这小子帅呆了，酷毙了！”（套用现代词语）不过看她的神情，也许多半是后者。后来我们在一起劳动时，我告诉了达亮这个情节以及观感，并调侃他说:“你俨然是现代‘黄大卫’了！”他咯咯笑了起来:“大卫未必挑得起我的重担，他那是摆摆卖相的！”一副黄公卖瓜，忘乎所以的样子。

说实话，在那段日子里，尽管我时常为自己的无辜受审暗中叫屈，但换位思考，他何尝不冤呢？那些所谓风花雪月的风流韵事，凭什么就任由他一个人来承担？太不公平了。虽然我不是星相家，但我确信“相由心生”，他的面相决非猥琐小人。他属羊，温驯和善良反而害了他，越是不想伤害人，到头来受伤害最深的却是自身！这个惨痛教训，想必他是会认真吸取，受用一生的。

通过共同劳动，我也进一步了解了他的性格。他是个貌似木讷，实则敏感的人。与他交谈，他往往会反问:“啊？——”附加一脸问号，似乎未听真切，逼迫你不得不将刚才的问话复述一遍，他这才回答你。好几次，我试探性地在他连声反问时不予理睬，他居然也能准确无误地做出回答，可见那一声“啊？”是一块挡箭牌——利用延时，在心中盘桓，然后选择最佳措辞，以防“祸从口出”，避免再犯新错。想想也挺可怜，大约是环境所迫而不得不采取的保护措施吧，久而久之形成一种下意识，浸入他的个性中去了。这种被扭曲的个性将真诚和率性深埋起来，唯有偶人面具才得以苟活，实是莫大的悲哀。

我们每天起早摸黑在厂里充当“救火队”，哪儿有重活、难活，我们就冲向哪里，单干或双拼。在他的调教下，我的功夫渐长，也干得有声有色了。虽有“羊落虎口”的说法，但我们这对羊虎兄弟，却非但和睦共处，而且互为师徒，情谊日笃。

尽管他生性达观，但偶尔也有郁闷的时候。一天，他穿了一双新买的白球鞋来上班，不料在厂门口被一造反派小将拦下，说他穿崭新白鞋是向革命群众示威，是抗拒改造的表现，硬是将鞋践踏成灰黑色才准其进厂。达亮神情落寞，一脸无辜。他想不通，旧鞋破烂才更新，鞋总有由新变旧的过程，怎么成了示威、抗拒了？我劝慰他说：这就叫欲加之罪何患无辞。对此等小事不必介怀，新鞋让他踩两下有什么大不了？另一小将还曾践踏过我的人格——在批斗我时，不但指使同类将我剃成阴阳头，当众羞辱，还突将麦克风横向猛击我右眼，致使我眼冒金星，顿时昏天黑地。总算苍天开眼，才幸免失明……听了我的遭遇，他哑然了，不悦转瞬即逝，又忙着干活去了，他也是个不会记仇的人。可笑的是，不久那位“铁腕杀手”造反造过了头，因某项“不良行为”沦落为与我等“脚碰脚”的审查对象，实乃莫大的讽刺。

起早摸黑的改造生涯，如是日复一日，夜夜梦中惊魂，日日如履薄冰。每当夜幕降临，革命群众离厂之后，我们始得以潜入浴室，将一身臭汗冲洗干净。若是遇见三五革命小将，便各自埋头，互不搭讪，匆匆一冲，速速离去。一日，达亮突发奇想地说：“我们不如一起到外面去洗？”

似在征询，双眼却放着期盼的光。“去哪里？被革命群众看见还了得？”我被他的奇思妙想吓得不轻。“去远一点，没人看见的。”他狡黠地看着我，并推我走向自行车棚。我迟疑地取出车钥匙，他早在厂门口恭候了。在三角街一隅，两只挣脱藩篱的大雁开始上路了。沿着漕溪北路一直朝北，待过了衡山路，已然像赛车手般风驰电掣地你追我赶起来，近5公里的路程，转眼即来到静安寺附近的浴室。

当我们赤条条地浸泡在温热的池水中，当我们互为擦拭污垢时，一阵伤感在水雾中升腾起来：一是感怀于两个意气风发的有为青年，竟然沦落到如此境地；二是感动于患难中觅得一个可以真诚相见、无须设防的朋友！他看出了我情绪的波动，故弄玄虚地逗我：“朋友是朋友，不过‘朋’字该加一个‘木’字旁……”我一时未能领会，转而方始顿悟——乃“牛棚里的朋友”之简称，遂释怀地笑了起来。对他这原创的新词汇赞不绝口，直呼可编纂入辞海中去。

浴罢，已是万家灯火、户户举箸时分。我意犹未尽，一时兴起，提出一个更为疯狂的提议：共进晚餐！他一听，二话不说立马跃上单车，我们很快溶入初秋的夜色里。那年头，街道的夜是昏暗的，更便于我们昂首挺胸，一如常人，任晚风吹拂，迎风鼓起的衣摆似展开的羽翼，两只孤雁正结伴继续向北放飞心情……我们一鼓作气穿越静安、黄浦区，行程约8公里，来到虹口区坐落在胜利电影院旁的“燕记”西菜社，点了两客简易西餐，狼吞虎咽地吃将起来。为了远离那些审视的眼、饶舌的嘴，我们宁可劳其筋骨。十几公里地双脚蹬踏，加上一整天劳累，在大快朵颐中获得慰藉和满足。菜肴是单调而粗糙的，如同当时的文化生活，但我们却宛若在品尝人世间的最佳美味！

在那人性可以践踏、真理可以变卖的年代，岁月用来蹉跎，青春用来挥霍，委实已算不上什么罪过。往苦涩中注入一丝甘甜，明知是一副麻醉剂，也算是短暂的安慰。在当时的社会背景下，较之沉沦和自弃，我俩的苦中作乐，不失为一种积极的生活态度。我始终认为，如果我俩是反坏分子，那中国就不再有好人了！这是我们的共识，也是互为信赖的基础。从此，“胜利大逃亡”成为我们之间的“小秘密”以及隔三差五上演的“保留节目”。我们正是以这种方式勉励自己，逆流而上，在困顿中振奋，以期迎接不可知的命运……

苍天有眼。未待我们形容枯槁、年华老去，终于赢来了翻天覆地的逆转——“四人帮”垮台了！那年我年届40，达亮也35了。我们没有沉湎于对金色年华失落的哀叹，而是奋起直追，迎着改革的扑面春风，继续各自的人生旅途，打造一片属于自己的天空。

他抖落一身尘埃，早于我回归银屏。20世纪70年代电视剧方兴未艾，他在上海电视台第一部电视连续剧《玫瑰香奇案》中扮演杀人犯唐小弟，获得空前成功，成为他的代表作，一时也成为街头巷尾议论的热门人物。以此为发端，他的演艺事业如鱼得水，一帆风顺。虽非主角，但都是不可或缺的“硬里子”：他参演的《情深深雨濛濛》和《茉莉花开》等影视剧都有不俗表现，我为他所取得的艺术成就而振奋。为了适应角色造型的需要，生活中的他干脆蓄起了胡须，免受胶水粘贴之苦。尔后他又大多扮演一些董事长、总经理和黑帮老大等角色，亦正亦邪，甚至以邪为主，尤以刻画好色之徒入木三分。他顾盼中发散出摄人魂魄的神韵，可以意会不可言传，鲜有匹敌者。

这些年他转战“沙场”，源于有稳定的后援：家有善于操持家务的贤妻，还有乖巧玲珑的女儿，加上一条虎虎生威的爱犬康康——这就是他的全体家庭成员。我们在上影公寓同一屋檐下的不同楼层居住了好几年，偶

为祝贺我的著作《艺海拾贝》出版，黄达亮、马莉莉、李炳淑、程乃珊特来站台。

尔在电梯内或大堂里遇见，寒暄几句匆匆擦肩而过，继续各谋营生，不似当年有着密集的交谈和流连。

如果我没有记错，他应是上影剧团较早的驾车一族，他买的第一辆车还是我牵的线。我不擅驾术，故对友人转让的二手车敬谢不敏，嗜车如命的达亮闻讯赶来，果然巧合天成，当场拍板成交，并连夜驶返家中。他坚邀我乘他的车，我对他的车技心存怀疑，死活不依。坐在朋友驾车的副驾驶座，我不断从反光镜注视着后面他紧随驾驶的“普桑”，为他暗自捏一把汗。他果然胆大心细，沉着冷静，一路居然开得像模像样，顺利通过众人的考核。对他的“处女秀”，大家报以热烈的掌声，他自然不无得意，还不断向我投来挑衅的目光。面对一片赞扬声，他又故伎重演，连连“啊？——”个不停。我深谙此道，见他眼角鱼尾纹漾成绽开的花朵，不忍揭露他，就让他在重复的褒奖中感受双倍的愉悦吧。毕竟我们这一辈人，被剥夺了太多本该属于我们的欢乐。

近几年，他换车换房，走南闯北，日夜兼程，出入片场。车技是提高了，体质却下降了。他虽然口口声声说自己已进入生命的“倒计时”，但仍未放缓前行的脚步。好几次我以自身对健康的感悟规劝他不要过于搏命，恶性透支集中还贷的代价太大，是得不偿失的。他口头上虽然应和，但鉴于某些港台导演对他的敬业和演技颇为赞赏，依然频频邀约，并且全力投入，倾情出演，以致物我两忘。坊间流传着达亮的一句名言：赚来的钱找不到花的时间。

2013年11月，在上影演员剧团60华诞庆宴晚会上，我还与他同桌共酌，把酒言欢。席间，相互调侃，谈笑风生，忆及往事，不胜感慨。不料，未出10日，他竟因心肌梗死悄然驾鹤西去——逝去在他驾驶的爱车里。

追悼会上，他的爱人小金见到我，悲伤地告诉我，他们是应邀去阳澄湖赴友人蟹宴，回沪途中，他才猝然离世的。当时已然进入了市区，他顿觉胸闷，透不过气来，还以为是旅途劳顿。因为以前体检，从未查出心脏有疾病，小金还让他停车出去透透气再走。谁知，车停了下来，他还不及打开车门，就昏厥过去，自此未再醒来。可以想象，他是聚集了最后的能量，才将车稳住熄火，继而心脏才停止了搏动。悲恸欲绝的小金把我的手攥得很紧，握得很重，最后说了句:“你们是‘老棚友’了，不一样的。”此刻我才掂出了“棚友”的分量，比一般朋友厚重，更能经得起风雨的侵蚀和考验。

其实，现在想起来，我和达亮与其称为“棚友”，不如谓之“同学”更为恰当。我们在“磨难”这所学校中同学共读，不同系却同级；有了“磨难”这位老师的教导，才使我们从精神到肉体接受了一次严酷的洗礼。磨难，把我们锻造得兼具弹性和张力，更有毅力和定力。

同门师妹李炳淑

李炳淑是20世纪60年代涌现的一颗耀眼的京剧明星，是我师承同宗的同门师妹。50年代中叶，经友人介绍，我加入了京剧名票杨畹农先生创办的“梅剧进修会”。杨氏教法十分科学，1/2练习簿大小的唱本，唱腔皆用简谱标注。封面色泽各异，每册一剧，识谱者学习进度颇快。短短几个月，梅派的代表作《醉酒》《宇宙锋》与《霸王别姬》，甚至相对冷门的《廉锦枫》和《西施》，我皆能朗朗上口。进修会每周有固定时间吊嗓，男女老少你方唱罢我登场，逐个轮番。当时没有卡拉OK，全仗京胡、二胡琴师操琴伴奏，由于来者皆为梅迷同好，所以互教互学，气氛热烈，进修会颇有速成班的味道。但要唱出神韵，自然不是一蹴即就的事。在这里偶尔还会有名家串场助兴，包幼蝶和包小蝶兄弟就是这里的常客。可以说，进修会是个以戏会友、团结友爱、兼具大家庭温情的民间组织。

我天生小嗓宽亮，故深得师生赞许。在入会之初，正好赶上梅剧进修会周年庆典。杨先生带上全体学生，一起到外滩边的电台做了一次直播，演唱《玉堂春》，一人数句，老师压轴。我也在《三堂会审》一折中摊上几句散板，好不得意！

记得我加入梅剧进修会不久，杨畹农先生与蒋慕萍女士还以男旦坤生

的形式，在“卡尔登”（后为长江剧场）连演5天，两人轮流压轴。杨先生以《凤还巢》《宇宙锋》和《生死恨》等唱功戏见长，尽管是名票，属准专业，一旦正式登台，依旧前后台琐事繁多，加上排练、吊嗓、票务……首演之日，杨先生两眼通红，嗓音失润，急得一班捧场的学生坐立不安。我因住处离剧场不远，每天放学就去售票处察看出票情况。杨先生登台的那几晚，竟成了进修会学员们的盛大节日！

不几年，杨先生调往上海戏曲学校任教，专授梅派。李炳淑就是来自安徽的女弟子。此时我已进入上海戏剧学院学话剧，杨先生还不无惋惜。一次路遇他正转车赶往戏校授课，兴奋地提到李炳淑和杨春霞等后起之秀。他此时已专心致志于教戏育人的教学事业中去了，进修会自然成了一道令人回味的风景。

在“上戏”，校方定期安排观摩，不是走出去，就是请进来。话剧是首选，也涵盖各个剧种。一次，上海戏曲学校俞振飞和言慧珠两位校长还亲自带领学生来院演出《墙头马上》与《杨门女将》。前者典雅缱绻，后者豪情激荡。李炳淑担纲主演穆桂英，好评如潮，给“上戏”师生以极大震撼，给我留下了很深的印象。当我进入影界后，曾潜入4号棚观看傅超武导演的京剧《白蛇传》。扮演白素贞的李炳淑，此刻已是上海京剧院的当家青衣、京剧名家了。

说起我与李炳淑的接触和熟悉，是在20世纪80年代。那时经常有“拼盘”组台演出，主办方会邀请各路名家南下北上献艺，并在比较宽松的演出间隙中安排游览或消闲。炳淑告诉我，早在戏校当学生时，就在杨老师家的玻璃台板下看到过我的便照与戏照。杨老师不无骄傲地告诉她们，说我曾是他的学生。当时“小老大”已风靡全国了，故她对我也印象颇深，云云。

一次在福建厦门的组台演出中，我们下榻同一宾馆。一天中午，接到会务组的电话，通知我去餐厅用餐，让我顺便通知一声邻室的炳淑。拿起电话的瞬间，我想跟她开个玩笑，幽它一默。

“喂，是李炳淑同志吗？”当时正值“小姐”“先生”当道，我不知怎么喊了声“同志”，似乎此人来自老区。

“是啊，我是。您哪位？”

“俺是你的戏迷，俺一直崇拜你的艺术，俺知道你来厦门，特地从山东赶来看你，俺总算找到你咧！”我想，操山东方言更符合人物身份。可是山东话非我强项，随时都有被揭穿的可能。

“哦，真谢谢你。”她居然没听出我的声音，我窃喜！

“俺……俺想请你吃饭……”

对方一个停顿。“这……这可不成！我们……我们有纪律，规定不能……不能私自外出的！”

从来没有这种规定，她是在设法应对戏迷的热忱。原以为玩笑很快结束，不想她深信不疑。既然这么认真配合，反倒激发我将伪装进行到底的兴趣。

“这样啊？那……那俺们‘聂’个影（山东老乡往往会把‘摄影’误读为‘聂影’，这一句最具地方色彩）。我有相机，带色儿的（这句更传神）。俺在大堂等你！”我已有些憋不住了。

“这……这拍照嘛……这个……”她既不想应允，又不愿得罪千里迢迢追寻她的戏迷，当真犯难起来。

我实在不忍再捉弄她，扑哧笑出声来。她这才缓过神，从笑声中分辨了出来：“是……梁兄吧？吓了我一跳！”

“通知你吃饭去。”我恢复常态说，“你居然连我的声音都听不

出来？”

“我是在想……哪个山东观众会跟到福州来。”

“那么蹩脚的山东话你都信，真服了你了。”

从此，这个笑话就传开了——炳淑的淳厚、轻信，梁兄的幽默、狡诈，成为圈内人说事、演义的素材。添油加醋，盗版多多。

1992年，我病后康复的过程中，惊悉她罹患重症。术后复原，静养家中，我数次致电表示慰问，知她仍在理疗中。从话筒中听来，觉得她心境豁达，十分乐观。我们彼此交流养生心经，十分投缘。见她逐日恢复，还渐次参加上京庆典的演唱，真为她高兴！一次在庆祝前辈王熙春女士八十八寿辰的票房中，听她引吭高歌，毫无病容，音色、中气皆不减当年。她兴奋地说，自己也奇怪，比病前中气更足，高音不吃力都上得去。她毕竟比我年轻，我不如她。我现在一首歌要比以前增加许多气口，才能唱得下去，高音也上去得很吃力，大不如前了。

2006年早春，东方电视台《戏剧大舞台》栏目为我做了一期戏曲专辑。我打电话邀请她做嘉宾，她一口应承。是日，原汁原味地讲述了上述故事——正版，以正视听。她还与主持人张民权陪同我一起唱了一段黄梅戏《天仙配》。这回可真的请人“聂”了影（带色儿的），把我们当今的容颜定格在同一个画面上了。

我将照片寄给了炳淑，题名曰：同门师兄妹。

与阎肃的一段“台后趣事”

近年，时常在央视《我要上春晚》和《星光大道》等栏目的评委席上，见到空政文工团著名词人阎肃。他总是眯缝双眼，不紧不慢，字字珠玑，令人叫绝。不禁忆及初识他时的一件往事。

1985年元月，为了录制中央电视台和广东电视台联手打造的春节专题“新春乐”，我应邀去深圳。这台“拼盘”节目聚集了北京相声世家杨振华父子、上海杂技团金克敏、金克强孪生伯仲以及我和梁义兄弟等文艺家庭加盟。记不清阎肃是总撰稿抑或是艺术顾问，先于我们抵达督战。当时估摸他也就50挂零，看起来却并不比今天年轻多少。由于他是那首脍炙人口的《红梅赞》的词作家，我对他心仪已久，彼此一见如故，言谈甚欢，很快熟悉起来。

轮到录我的节目了，导演安排我在深圳大酒店游乐场的旋转木马上唱《南屏晚钟》。当时正值中唱公司发行我的独唱专辑不久，加上中央人民广播电台《广播歌选》的推介，此歌流传甚广。说来好笑，那时误以为这是首港台歌曲，殊不知乃是出自老上海陈蝶衣之手。为了避免出版审查的麻烦，我还擅将歌词中“……南屏晚钟随风飘送，它好像是催呀催醒我的相思梦”中的“相思梦”改为“思乡梦”。心想“相思”过于小资，“思

评委席上的阎肃

乡”是大情怀，大爱总比小情小爱健康，故而成为此歌绝无仅有的“梁氏”版本。想想当年的“自我紧张”和“自觉革命”，不禁哑然。

2004年元旦，我有幸在陈燮阳指挥的上海交响乐团的伴奏下，在上海大剧院重唱此歌。这时，我才“恢复原貌”，也给了我一个向陈老先生致敬的机会。

记得我录“新春乐”时，为了突出在旋转木马上的飘逸和动感，特地穿上在上海大地雨衣厂定制的、那时市面上少见的、大岛茂式的藏青色长风衣。不料导演认为风衣反显累赘，还是西装干练。我只得将崭新的风衣脱下，顺手披在一旁观战的阎肃身上，托他保管。他眯着眼一连说：“放心，放心！”看他俨然似棵敦厚的松树挺立着，确实是再放心不过了。木马摇曳，歌声飞旋，几遍下来顺利杀青，大家都很满意。我兴奋地从木马上跳下来，走向阎肃，只见他叼着烟卷与烟友在吞云吐雾。他诚挚的说：“辛苦，辛苦！”边说边“完璧归赵”，将风衣递还给我。我谢过，在披上身的抖落间，赫然发觉后身下摆平添了个花生大小的洞……估计是在我唱着“南屏晚钟，随风飘送”时，烟蒂余烬随风惹的祸。当事人自然浑然不知，当时我是“哑巴吃黄连”，心中好生添堵。正是灰飞烟灭，“完璧”灼眼，笑看阎叔，阎肃严肃！惜乎那件风衣，未及引领风骚，却已马放南山，连同这则趣闻一并深锁箱底了。此后，每每念及此事，仍觉忍俊不禁。

嗣后，他作词的《长城长》《敢问路在何方》和《雾里看花》等许多歌曲，皆成为唱响大江南北的经典曲目。某年仲夏，阎肃作品音乐会于北京国家大剧院隆重举行，蒋大为、李谷一、宋祖英和韩红等新老歌唱家参演，共襄盛举。阎肃亲自主持，幽默睿智，口吐莲花，一时传为佳话。

都说往事如烟，这则有关烟的逸闻倏忽已过去30年。现在大伙都尊称

他“阎老”，而这位80开外的快活老头却自称“80后”，依然童心未泯，居然是电脑游戏的高手，终日乐呵呵地眯缝双眼，赛过活神仙，真令人欣羡！

在此遥祝他老当益壮、文思敏捷，不断推出佳品力作；更祈愿他健康长寿、福寿绵延。附带友情提示：烟草有害，老哥，少抽！

唱给歌唱家刘明义的《安魂曲》

噩耗传来，刘明义老师因患脑血栓，在蛇口不幸去世了。师母王琢琳在电话中说:“一切来得突然，5月13日发作，半小时后就不省人事，在联合医院抢救了5天，始终没从深度昏迷中醒来……”尽管她语调平静，但我能理解几十年荣辱与共，一旦劳燕分飞的巨大悲痛和深沉的失落感。

守着电话独坐良久，往事如烟，人生如梦。

早在求学的20世纪50年代，我是以一首印尼民谣《划船曲》，开始认识上海乐团男高音歌唱家刘明义的，其歌声中洋溢着的浓郁热带风情，深深地感染了我。而真正和他接触，是在80年代初，一次在上体馆的组合演出中。那天，我朗诵后，紧接着演唱——此时我“初涉歌坛”，唱的是美国歌曲《薄雪花》。正吟唱着，但见灯光变幻中，瞥见一西装领结的中年男子循声向我走来，并在一旁立定。四目相接时，他向我投以友好和鼓励的微笑……当晚，我们开始了真正意义的“第一次握手”。

演出完，我们在后台相谈甚欢，聊个没完。这以后，我就成了刘家的常客。尽管我们相交时都已走过了各自的辉煌，但对艺术执著的追求，使我们一见如故。我们谈音乐、艺术、人生……无所不谈。不久，他举行了“告别演唱会”，退出歌坛，潜心致力于教学。我也就以学生的身份（虽

著名男高音歌唱家刘明义在辅导我唱歌

然他始终不同意我称他为老师），请他每周在学生课程表中留一个日程给我。我只要在上海，风雨无阻，从不间断，在他的琴畔度过了许多欢乐时光。同时，在他的寓所以歌会友，也结识了一批迷恋歌唱的青年朋友。在他家中，往往会有一种置身音乐磁场的感受。

他曾按正规发声法训练了我一阶段，不过有一天他突然对我说："我想了又想，对你不应用刻板的方法，因你已形成了自己的演唱风格，如果一味要求你声音竖些，可能会丧失松弛、亲切的特色。好比瓷器就是瓷器，不能以石膏或铜塑的标准要求它。"听了他的这番话，我感悟到他的责任心，他是一直琢磨着如何因人而异、因材施教啊。果不其然，在他的指导下，我获益匪浅，长足进步。

记得在拍摄影片《闪光的彩球》时，作曲家吕其明为我扮演的人物谱了一首《摇篮曲》。我就拿去请教他，他对此曲表现出极大的兴趣，认为曲调简单，贵在唱出作者意蕴。于是我一遍，他一遍，将最佳感觉用渐强渐弱等各种符号标在曲谱上，使一首小歌获得生动的诠释。面对完美的呈现，老师的笑容更灿烂了，简直像个大孩子般稚气可掬。我明白，在音乐领域有所收获，这是他最感幸福的事。

老师的童心还表现在对摆设和挂件的嗜好。每每去他家，都可发现墙上或案头增添了几件可人的小玩意。师母不止一次地调侃他，诉说打扫这些摆件的艰辛。我却十分欣羡他对艺术性生活用品的鉴赏力，理解他对美的崇尚以及对生活的热爱。

在中国唱片公司广州分公司收录我的第一盒歌曲专辑时，刘明义老师提供了不下5首歌给我。为了不割断中国流行歌曲的渊源，他主张选一首20世纪30年代黄自的歌。为此，他们夫唱妇随，互为补充，回忆出了《本事》的词曲，作为我的主打歌……后来，这首歌的呈现效果非常之

初试啼声

我在刘明义老师的家中学唱（1982年）

好，没有枉费了他们的心血。

回忆的闸门一经开启，更多的往事历历在目。灯下，我重新阅读老师在给我的最后一封信中写的最后一段话:“等你康复后，无论如何要告诉我一声，然后才能像过去那样天南地北地无话不谈。”——是啊，我确实积了好些歌，攒了好些话，企盼在某一天突然出现在你面前，给你一个意外的惊喜，期待着再似昔日般促膝谈心、切磋技艺……然而这一天永不再来了。

刘明义老师，我并不认为68岁的你已走完了一生，我觉得你是作灵魂的迁居。一个为音乐而生的灵魂，自会找到天国的居所，我坚信!

黄妈

人上了年纪就容易怀旧。那天偕妻途径成都北路，在高架下穿行，但见昔日景象荡然无存。走到路的尽头，居然找不到原先寄寓过的那条弄堂，只见一大片绿地和鳞次栉比的大厦。不禁感慨沧海桑田，人事变迁。

1959年，我意气风发地成为上影人，原以为厂里有宿舍可供住宿，不料“上影”由于历史原因，不同于“北影”和“长影”等创作人员聚居厂内并辟有生活区，上海历来是散居的。单身的我被安排暂住于电影局招待所，位于淮海中路电影局侧畔的一幢大楼内。招待所是专供外地来沪公干或过埠人士暂时栖身的，电影系统工种繁多，故除了支付不菲的费用外，我还面临三天两头应对匆匆过客的苦恼。

仅有一次最愉快的经历，是与“八一”厂演员王心刚同住，他是谢晋请来拍《红色娘子军》的。当时意料不到他在片中饰演的洪常青竟如此耀眼，风靡神州。那时，因同为演员，故有共同话题，加之他十分随和，易于相处，所以这段“同居”的日子过得很惬意。更可喜的是，他夜晚不打呼噜，这太合吾意了。可惜不足半月，他去海南出外景了，又换人进驻。此公每晚鼾声震天，不胜其扰，又显出长住的架势。我实在难以忍受，决意逃离此地。

高中阶段，在京剧票房中结识了毕业于同济大学建筑系的虞君，他长我四五岁，那时已在城市规划设计院任职，是个戏曲发烧友。他常邀我去他家吊嗓，当时他双亲健在，待我亲如家人。记得我就读“上戏”时，有年中秋还提着月饼到虞家过节。不料随后几年间，二老相继仙逝，作为独子的虞君孑然一身，十分孤寂，曾多次邀我共住。鉴于此，我索性搬去他家。

虞家是虞洽卿的亲戚，家境殷实。成都北路一条里弄中的一幢二层楼房原属他家，1957年公私合营时，底楼被工厂征用，保留了二楼的客堂和东厢房，我就住进东厢房。高大的窗，宽敞的房，虞君有了伴儿，我也不再终日漂泊、任人摆布了。

黄妈是跟随虞家逾20年的保姆，是拉扯虞君长大的。初见她时大约40开外，操一口浓重的常熟乡音，梳个“巴巴”髻，人显得干净利索。一身略微泛白的香云纱或浅蓝阴丹士林布大褂，是她最典型的装束。我的到来，为一老一少了无生气的日子注入了些许活力。她为我们烧饭、洗衣、打扫……包揽了全部家务活，我则大有“宾至如归”之感，很快适应了这里的一切。从此每天早出晚归，自行车飞出飞进，往返于漕溪北路的片场和这个新家，完成了处女作《51号兵站》的拍摄。

黄妈身体硬朗，365天年中无休，偶有小恙也从不离岗。她为人厚道，遇有言不由衷时，即会被自己出卖：脖子会不由自主地左右摇摆，摆幅和频率与诚信度成正比，仿佛背负一台自制的测谎仪；大凡疑惑、不满、委屈、愤怒……只要情绪稍有波动皆会摆动起来。我初入住时，她一口一个“先生”叫得我受宠若惊，很不自在，几经交涉才改口为当时的时髦称谓：“梁同志”，令我身心舒泰。

别看黄妈是文盲，脑子倒挺活络。一次福建话剧团一位战友来上海看

我，我不在家，他又急于将一本表演札记留交我。黄妈在二楼窗口与站在弄堂中的他朗声对话，由于语言隔阂，好不容易探明来意，却不见人下楼。少顷，只见一只用绳索缚住的小竹篮徐徐由窗口吊下，俨然是手提的简易升降机，既安全又便捷，确实是妇道人家的明智之举。朋友事后打趣说："你拍地下斗争电影，把你家保姆也训练得像李奶奶接密电码一样!"天晓得，其实这倒是她的原创。不过，黄妈的形象活脱就是高玉倩在《红灯记》中李奶奶的扮相，这话不假。

当年，家用电话尚未普及，传递信息大多通过传呼电话。谁家有屁大的事，一经"传呼"，吆喝得半条弄堂"共同分享"，毫无私密可言。一天我回家，黄妈神秘兮兮地告诉说，"厂里来电话，让你明天一早去拿脚盆。"我丈二和尚摸不着头脑，正诧异中，她进而说："传呼阿姨讲，一定是你厂里生产的脚盆又好又便宜，方便的话托你买两只。"半晌，我才缓过神来，原来当时厂里正在筹拍《鲁迅传》，制片部门通知演员去厂领取剧本。"剧本"和"脚盆"沪语发音相近，以传呼阿姨的知识层面推断，以讹传讹自然顺理成章了。可叹的是当时物资匮乏得人们对脚盆也萌生了囤积的意识。

一年盛夏，一位本地朋友造访，随携两块当时款待宾客用的"光明牌"冰砖。因我不在，那人留下冰砖走了。当年没有冰箱，黄妈唯恐冰砖溶化，特意用脸盆盛了凉水，用搪瓷碗倒扣于水中，将冰砖置于碗底，对着敞开的窗口……待我回家，冰砖自然早已融成白色液体了。她闻讯后从床上跳将起来，想不通为什么此举非但不降温，反促使其融化？待我告诉她应置于保暖的饭窝中，她更惊讶了，头摆动得像拨浪鼓似的，怎么也止不住。

回想起来，黄妈对我的关爱是涓涓细流，润物无声，却时时刻刻，点

▎在黄妈的照顾下，工作、学习再忙碌，我的心情也是愉快的

点滴滴，让你在不经意间领略了她宽厚而原始的母性情怀，使我初涉社会就能衣食不愁，无后顾之忧地全身心投身于挚爱的工作。她洗濯的衣物工整平伏，像熨过一般；她的厨艺也媲美饭庄。即使在20世纪60年代票证时期，她也能变着法儿烧出一桌丰盛的菜肴来!俗话说“巧妇难为无米之炊”，买菜是件头疼事，每晚临睡前，她都要征询我与虞君，确定次日菜谱。有时我俩互相推诿，使她难以定夺。一次，她突然发飙，把郁积在心中的话和盘托出:“收音机里整天在讲，现在困难时期，‘有啥吃啥’，你们还算有知识的人，横不好竖不好，叫我哪能办……”“没有知识的人”一番抢白噎得我们面面相觑，异口同声说:“那你买啥我们吃啥好了，问也不要问!”见我们撒手不管，她又不知所措，只见她的头又神经质地摆动起来，像是装了弹簧的无锡泥偶，十分滑稽。果然，从此我们有啥吃啥，不再挑剔。矛盾转嫁给她以后，她反倒每晚口中念念有词，草拟次日菜单，令人莞尔。其实这也算是个互动游戏，为周而复始的机械生活制造一些乐趣而已。别看她目不识丁，对数字倒有几分灵性，买菜算账从不差分毫，偶尔短缺银两，她硬是倚坐床沿，想出来将账轧平才躺下去。

印象中，黄妈最风光的一次是在1961年10月初。当时《5l号兵站》在沪首映，为了犒劳虞君和她，我特意去影协签了条，到国泰电影院提前买了票。观摩当晚，黄妈穿戴得山青水绿，坐在三轮车上，一派贵妇模样。俟进了一片漆黑已开映的电影院，随着领票员手电筒巡视，居然无一空座。正纳闷间，经理将我们引出大厅，也许是我取票时疏于查看，原来手执的是昨日的过期票，我一时傻眼。经理认出我是影片主演，知我绝非“蹭戏”之辈，加之看我带着老人，所以破例为我们加了座，解我燃眉之急。这是我第一次与观众一起在剧场观看完成片，十分兴奋。我不知她看懂了多少，但我知道她是当生活中的一件大事来对待的。

白驹过隙，斗转星移，如今旧居已拆除得无影无踪，黄妈早已乘鹤西去。但这里的人和事，老房子里所发生的一切，却留存在我的记忆中挥之不去，只能寄情于清风明月了。难怪人说年老易怀旧，那是因为有了历练，才更懂得感怀生活、珍惜故旧。

我的“专职理发师”

理发，是人们居家生活的平常事。“理”作为动词，可解读为“打理”——包括剪洗吹烫焗，多道工序。各个时代、各个阶层对理发的要求也不尽相同。20世纪五六十年代，上海理发行业十分走俏，临近年关更是人满为患，家家通宵达旦，按编号控制人数。有年除夕，我去“白玫瑰”理发厅，不知是谁创造了“流水作业法”：剪、洗、吹分列入座，各司其职。纯粹工业化操作，速度是快了，却剥夺了顾客选择理发师的权利以及由此引发的种种乐趣。究其原因是老百姓多，理发店少，平日矛盾尚不突出，一俟倾巢而出的年节前夕，自然捉襟见肘。

改革开放后，国门洞开，西风东渐，服装和美容行业受到的冲击是颠覆性的。放眼望去，服装屋、美发店宛如一夜梨花，遍地绽放，而且名目繁多，动辄“美发沙龙”、“秀发吧”……透过玻璃橱窗，唯见那些乳臭未干的“发型师”们张扬地竞相展示各自的顶上风光：愤怒的鸡冠、七彩的刺猬……在你眼前晃来晃去，奇装异饰、耳钉文身，令人望而却步。偶尔勇敢迈进门去，捧出一大摞中外美发画册，全是迎合白领和青年的，适合我等上了年纪的发型遍寻无着。你稍描述几句，对方便会显现出“天方夜谭”式的讶异和迷惑，似乎在聆听外星人说蛊。一番“鸡同鸭讲”之后，示意你坐下，愿意一试。尽管小“大师”在悠扬的音乐背景声中，斜倚吧凳，单手执械，秀指翻飞，落英缤纷，行云流水般的炫技倒也令人赏心悦目，但千呼万唤整出来的依然是形态怪异的现代鸟窝，令你哭笑不得、无可奈何。我想也许这就是代沟吧！这种理发人才断层现象所带来的尴尬，更使我回想起常年为我打理头发的理发师王金海。

认识王师傅是在20世纪70年代中期。我迁居凤阳路后，经邻居介绍，找到了离住处不远的“西海理发厅”。其实，也就是一开间门面，两排相对的近十个座椅的普通理发店。理发师为清一色的年轻女性，王师傅是独苗——“洪常青”（《红色娘子军》中的人物）。一群“娘子军”终日叽叽喳喳、家长里短，大凡有纠纷或口角，王师傅则理所当然地充当“调解员”；遇上电推刀或吹风机熄火，他又是当仁不让的“修理工”；当生意清淡时，他又成了“调侃中心”。王师傅是盐城人，他五短身材，敦敦厚厚，一如他的禀性为人，从小学生意学的就是“剃头匠”，一把剃头刀、一件白大褂是他的武器和盔甲。他既是“西海”的“开店元勋”，又是女弟子们的师傅长辈。他自嘲道:“家里一个女儿，店里一群！”大家都说他“艳福”不浅，掉进“女儿国”里了。任凭她们嬉笑怒骂、冷嘲热讽，他永远慈眉善目，笑意盈盈，活脱一尊普度众生的弥勒佛！

我找到他时，正是审查后期到重获“解放”的过渡阶段，对一些敏感话题，他从不询问，绝不打探。其实我知道，他对我的处境是有所耳闻的。他第一次为我理发，我只简单提出要领，他立即心领神会，手下生风，果然是“老法师”，整出的发型正合孤意，因此很快就建立起相互的信任。

王师傅手艺高强，男女老少一概通吃，任你进门时乱云飞渡，经他巧手装点，出门时已是云淡风轻。他自豪地诠释理发工作说:“别看理发事

小，一个人的头发是否整洁、有型，好比一个店的门面，恰是给人第一印象的‘头’等大事。故有‘噱头’一词，说的就是‘噱’在头上。”他不仅手轧刀和电推刀功夫了得，剃刀更是祖传绝活，堪称一流。无论是浓密的胡茬，还是新刮的脑袋，见他手执剃刀，骑马蹲裆，在刮刀布上来回摩挲几下，剃刀即游走于升腾着热气的肥皂泡沫之间。手若飞燕，举重若轻，刀过无痕，肤平如镜。从客人闭目微醺的舒泰神情判断，绝对是享受！由于他技艺全面、态度和蔼，尤对婴儿和老人表现出超人的耐性，故不少顾客宁可坐等，非他不理。他比我大十多岁，却早年谢顶，油光锃亮的脑袋上数得清的几十根“癞毛”被编成一缕璎珞，由左额勉强搭到右端，被姑娘们戏称为“横搭襻”。风一吹“搭襻”还会竖起来，十分搞笑。但他坚持如此梳理，认为是最合适他的发型。

对于我，他也曾十分用心地设计过：中分、三七、七三、平顶、寸头……中分的效果看似叛徒——后来我演叛徒就采用中分；小平头不衬我的脸型，还是不太明确的三七分最适合。这个发型一经确认，沿用至今。尽管如今发稀并脱落，依旧不改初衷。说起来，此发型还曾在20世纪80年代上海美发样本中刊登过，王师傅拿给我看的。不知是哪家照相馆提供，我本人毫不知情，再说当年根本没有维权意识，登就登吧；倒是王师傅比我高兴，因为发型出自他手。当时人们对美的追求尚不敢大胆表达，刊出的发型屈指可数，女性的如“蝴蝶双飞”和“菊花吐蕊”等；男性的更是凤毛麟角，如“青年式”和“简约式”等。我的发型标名已忘，记得当年小滑稽王汝刚曾在他的独角戏《安全帽》中形容过我的发型，冠名为“奶油包头”。

20世纪80年代初，我曾在静安体育馆演唱，颇受欢迎。因演出需要，那段时间隔三岔五去找王师傅吹风。他大约从其他顾客处听到风声，

当年王师傅为我设计的发型沿用至今

一天突然提出要看我的演出，我这才意识到自己的疏漏——原本认为他只爱看江淮大戏——我立马应允。当晚我特意让接我的车绕道“西海”去接他，此刻他宛若出席盛宴，整装待发；散场后又与我同车返回。此后他逢人便说，是我请他去看的，绘声绘色，兴奋无比。

我逐渐恢复了正常的拍摄工作，他也渐渐了解：只要我下摄制组，头发就没有自主权，需交由化妆师打理。故此，我们有时会阔别几个月，但一旦摄制组解散，我仍会找他打理；出外景也不忘捎些他喜爱的烟酒给他。1989年，当我乔迁新居后，离“西海”远了，却联系依旧。显然，我们已超越一般顾客和理发师的关系，更像是忘年交的朋友。他也在不同的场合表达过同一个意念：人生有缘。

1992年3月，我因病住进了瑞金医院。手术前他先来医院探视，为我理了一次发。6月返家休养时，他又主动联系家人，两次利用轮休的空当，早早来到我家为我修剪洗吹，并且执意分文不取。他说，在店里你是我的顾客，在家里我是你的客人。我是作为朋友来探望你，顺便为你理个发，举手之劳岂能收钱？说完匆匆拎起皮箱，赶往下一家去了，颇有几分“江湖郎中”走街串巷的味道。在与他握别的刹那，猛然想起一句成语：“授人玫瑰，手有余香”，他何尝不是一生授人以玫瑰，为美化生活而游走四方的“扮美使者”呢？

“洞中才数日，世上已千年。”当我病愈可自行外出时，“西海”因经营困难，店面盘了出去，人员也解散了。鉴于王师傅的手艺和人缘，里委会特批一间5平方米左右的斗室，给他做服务站，称为“便民理发”。他怕我嫌新址过于简陋，怯生生地问我愿否上门？我说：“你到哪里，我跟到哪里！”但当我按图索骥找到那儿，几乎不敢相信这就是他承包的发屋——里弄尽头的一间临时搭建房，一只炮仗炉子用蜂窝煤烧热水，注入塑料大桶洗头用，一具水斗，一张废弃的理发椅外加一面镜子，就是全部设施。王师傅每天清晨先要移开门板，撬开炉膛添上煤饼，准备工作就绪后，套上白大褂，胡乱吃两口早点，恭候客人。室内顿时弥漫着煤气味，早到的客人则在门外弄口的一条长凳上等着。

说实话，我第一次进去几乎被呛了出来。心想，现在什么朝代了？如今理发店比比皆是，我何苦要换乘两辆公交车，辗转来受这份罪？但看他一如既往地忙里忙外，话到嘴边又咽下。想想他从带领一班人到如今孤军奋战，依然乐此不疲，不放弃手中的武器，坚守这方小小的阵地，心中不禁于肃然中夹杂一丝悲凉！我若撤离，无疑对他是一个不小的打击，此刻支持还是放弃，确实成了个问题，于是我在迟疑中，一次次地继续前往。在他的安排下，一般都先于其他顾客为我修剪。我去得早时，还帮他兑水添煤，他甭提有多高兴了，每次都兴致勃勃地告诉我，某某里委干部或某某顾客对他说，大明星都赶过来找你理发，可见你的手艺不一般。他还逢人便夸我:“别看人家大明星，从来不摆花架子，我们是老朋友了！”说真的，他这些话果真直捣我的软肋！归根结蒂，我还不是面子上挂不住，怕被人认出堂堂电影明星奔里弄小店来理发，遭人非议？还是王师傅说得透彻，我们是老朋友，朋友就没有贫富贵贱之分。高帽子一戴，我也就义无反顾，颠颠儿地往这儿跑了。

不知为什么，在与他的交往中，眼前时常会浮现出鲁迅先生《一件小事》中，人力车夫的形象以及作者“教我惭愧，催我自新”的感悟。我想在我肌体康复的同时，更应使自己的精神日趋健全起来！想至此，我泰然了，决定不离不弃。如是日复一日、年复一年，持续了五六年之久。这期间，我眼见他的“横搭襻”由一缕变几丝，由灰黑变全白，他也由父亲升级为外公，以致后来我可以与他的外孙女在电话中交谈……

尽管如今发稀并脱落，发型依旧不改初衷

面对如今装修豪华、良莠难辨的众多发廊和多如过江之鲫、鱼龙混杂的发型师，我越发缅怀里弄尽头的陋室、穿白大褂的老人，还有我们几十年的忘年情谊。人生有缘啊！

小徐，穿着钟爱的风衣乘风归去

闭上眼，即浮现出他蜡黄的脸、翕动的唇和茫然的眼……

那是某年9月初的一个秋日，就在我走出监护病房不久，小徐走完了他的人生旅程。我成了他故去前探视的最后一个朋友。遗憾的是，弥留中的他已认不得我了。

认识小徐的缘起，是因为母亲的丧事。同事崔杰把这位戴眼镜的小个子中年人介绍给我，由于徐父曾在龙华殡仪馆任职，他俨然成了那里的“编外员工”，操办丧事自然轻车熟路。因为他的协助，家母追思会办得隆重而得体。看他雨中张罗着的样子，于悲痛中平添了一份感动。

此后，彼此有了越来越多的接触与了解。除了古道热肠，他对事物和感情的表达方式也独具个性。最独特的是他的婚礼：既无新人盛装恭迎，也无时下婚宴的繁文缛节，十余座宾客觥筹交错，欢歌笑语，新郎却不知去向。初时以为他是怯场回避，后始知他是帮着拉啤酒去了，仿佛他不是婚礼的主角，而是参与操办哥儿们的婚事。

到了“新人出场”的环节，但见新娘小王一袭红衣，作为新郎的他，却既不戴红花也不佩缎带，毫无区别于其他宾客的标志。我打趣道：“这婚礼倒别致，更像聚餐！”他闻之大喜说：“正是我希望的！平时大家都忙，借机新朋老友聚聚，不要太好噢！”——这就是小徐，从来甘当配角。

后来，我患病住进了瑞金医院。正当妻子孤掌难鸣之际，小徐主动请缨来了。那时恰逢他就职的单位解散，于是包揽了送饭取菜之类的活计，帮我家排忧解难。在我逐渐康复的几年中，小徐好事频仍：当上了一个集团公司的小头头；为爱妻觅到了工作；除了仍热衷于集邮、摄影和音响外，助人治丧仍占据了他大部分业余时光。

婚后的他终日喜滋滋、乐呵呵的，只求付出不求回报。一次，当我取笑他心宽体胖，腆起将军肚时，他调侃道：“该大的不大，不该大的倒大了。”羞得一旁的小王满脸绯红，可见小两口感情甚笃。那年春节前，他突然穿了一件时髦的中长风衣来见我，还让我猜风衣的价格。我未开腔，他急急补充道：“巴黎春天买的噢！”我心知价格不菲，由底价500，飙升一倍，说：“千把块吧。”他眼睛一亮：“还是你懂经！1250！让同事猜，没人超过200的，真气煞人。想想40的人了，从没穿过值钱衣裳。现在条件好了，也包装包装，侬讲是伐。我对小王讲，将来去‘龙华’（指殡仪馆），就让我穿了它去好了……”我连忙打断他，常人忌讳的话，可不能挂在嘴边。他却不以为然地开怀大笑起来。想想也难怪，实在是他对“龙华”那处地方太熟悉了。不料，他竟一语成谶。

也许那儿离天堂最近，天国的使臣出于对他善行的青睐，才提前将他召去的吧。

那年5月中旬的一天傍晚，电话那端响起熟悉而平静的话语：“我中头彩了——肝硬化。”乍听，以为他又在故弄玄虚，博人一笑；及至托我荐医时，才意识到事态的严重。3个多月中，他病情恶化得迅疾，迫使我每次去探视前，都要再三调整情绪，眼看一个鲜龙活跳的人逐日衰竭。除了在求医问药方面助他一臂之力，实在是爱莫能助呀。而他每次见了我，都

小徐与我的合影

紧握我手，喃喃重复:“我现在以你为榜样，当初你挺过来真不容易啊！”

虽然每次我在他面前善言劝慰，还努力做出“如沐春风”的神情，但心中的阴霾难以消除，涌起一阵阵苦涩。手术后，他曾有过一小段稳定期，吵着要回家看足球，看马拉多纳，说要把朋友们支援的钱款拿出来聚餐……但好景不长。在他逝世前两周，医生告诉我，他左侧肿瘤证实为恶性，右肝区又长出新肿瘤，胸水和腹水迅猛增长。当我眼见医生再次为他抽出近千毫升的胸水时，我明白他时日不多了。

徐宪建追悼会在他42岁生日的前两天举行。一贯为旁人忙碌的他，此刻长眠于鲜花中。一向以小人物自谦的他，这天认真当了一回主角。望着他含笑的遗像，我不禁百感交集：其实，小人物才恰恰是生活中真正的主角，正是芸芸众生演绎出种种凡人小事，装点着大千世界的绚烂，才使我们的人生如此缤纷。

穿着你钟爱的风衣乘风归去吧。小徐，关爱你的友人们为你壮行。

跋

梁波罗老师要出版他的自传。这件好事，哪里轮得到我“插一嘴”。按理，我只有做“梁粉”的份，最多是存一份奢望：翘首盼望梁老师像以前那样，赠一册大作予我。让我在了解其艺术人生的同时，再次惊叹于他的文学功底。

怎么会获知其文学功底的呢？我在上海文联主编一份名曰《上海采风》的会刊，其办刊宗旨为“海上批评·艺术风范”。前4个字表述的是“文艺批评”功能，后4个字表述的是“名家风采”特色。由于上海是中国文艺的半壁江山，尤其是老一辈艺术家卓然扎堆，所以在展现“名家风采”的采编过程中，我有机会频繁接触文艺大家。其中，自然就有梁波罗老师。而让我“意外惊喜”的是，当我想把稿源扩大到“名家亲写”时，居然发现这个“理想”似乎很不可行——你让他们滔滔不绝地说，容易；你让他们写成文字，很难。而在仅有几位“能写”的艺术大家中，梁波罗老师的文字鹤立鸡群、出类拔萃，乍看之下，让我一激灵：描摹抒情，精准到位，没有赘冗的毛病，没有语法的硬伤，太有水准了！喜出望外之余，立刻刊登其大作，见刊后果不其然：引来赞叹一片。我亦与有荣焉。

既然如此，梁老师亲著的自传，与你刘某人何干？

这得说到“梁兄错爱”了——由于梁老师与我的短信往来都以“梁兄”落款，且同事好友也惯于用这“约定俗成”的代称称呼他，我在这儿就大胆“移植”了，也显得方便和亲切。“梁兄”怎么会“错爱”我的呢？原来中国广播电影电视社会组织联合会演员委员会策划主编的这套《演员丛书》欲猛力推进，而在锁定的首批著名影视艺术家中，“梁兄”不但“上榜”，且是“上海榜首”，于是他被催逼着赶紧杀青自传。

按理，梁兄早有数万字的现成文字，只需稍作整理，略作补遗，便可交卷。可他对自己要求甚高，加之对方催逼得紧，便出此下策——让我帮助其做些辅助工作，拾遗补缺，梳理完善，使得自传的体例看上去更显完满。承蒙梁兄不弃，在下自当遵命。梁兄虽特显年轻，精神矍铄，但也年事渐高，不便冲杀。如要短期内迅速搞定自传，可能对其健康有碍。好在本人打字熟练，数十年的写作和编辑生涯尚能胜任其职，尤其电脑操作有修改打印之便利，故“临阵磨枪”，开始了“合作”——梁兄以“作”为主，我以“合”为主。于是有一段时间，梁兄开始了每周一次的垂顾频率，从

上午劳作到中午；文联食堂里，这位大明星的身姿时常让人惊鸿一瞥。对路的人干对路的活，我们精诚合作，提前交卷。阿弥陀佛。

我和此书的点滴关系，大抵就是这些。

既然遵嘱写跋，我也不想放过写写“梁兄印象”的机会。本书的“出笼记”不足以概括对梁兄的整体印象，我的“触感”要丰富得多。

言简意赅地描摹梁兄，我觉得他是一个“上海老克勒型”的艺术家。“克勒”是外来语，是“Color”，“颜色”的意思；或为“Class”，做“等级、阶级”解释，所以就有了老克勒一词的由来。旧上海的老克勒，是最先受到西方文化冲击的一群人，也是最先吸收和结合西方文化的，那时的他们土洋结合，形成了一定时期的海派文化。老克勒的生活悠闲雅致，举手投足间流露出贵族气息。梁兄的举止做派，温文尔雅，一切均是自然流露，毫无造作之感。这和他的良好出身以及所受教育有关，也跟他的人文修养有关。当初考大学，华东师大中文系和上海戏剧学院表演系的通知双双到达，他在反复斟酌之下才放弃全国重点大学中文系的选择。要知道，华东师大中文系，那是全国闻名的作家摇篮，除了施蛰存、许杰、徐中玉和钱谷融等名师外，还先后涌现出沙叶新、戴厚英、赵丽宏、王小鹰、陈丹燕、格非和朱大可等一大批知名作家，群星灿烂。如果梁兄当年弃“上戏”而择华师大，想必跻身这“作家群星榜”中。不过，我们在大银幕上，就会看不到这位“小老大”的风采。这个细节足以证明，梁兄能一举考上名牌大学中文系，盖因其拥有文学才华，所以日后无论在表演系求学，还是在演艺事业中拼搏，其文学才能一直助益于他，让他的身上充满书卷气。

“克勒”既是一种生活范式，也是一种精神气质。它之所以会变成形容上海的一个符号，或许因为由它指代中西精英文化碰撞出的都会文化，十分妥帖与传神。“老克勒”们虽已渐渐逝去与老去，但“克勒精神”可以被重新认知，可以用它延续上海这座城市的文脉和精华。事实上，像梁兄这样受“克勒文化”浸染过的“准克勒”，在遍地粗俗的芸芸众生反衬下，颇能让我们领略到昔日“老克勒”的风采。我曾经不无遗憾地想，那个叫做《花样爷爷》的著名真人秀节目，要是“代表上海”的那位老演员换成梁兄，就比较“名副其实”了。在中国香港和台湾演员的身上，无不闪烁着上海老克勒的神采，他们的举止言行，依稀而又清晰地折射出上海老克勒的精神特质。梁兄倘若加盟，必然相得益彰，因为“现代文明”与“克勒风采”是一脉相承的，十分和谐。

梁兄的儒雅是由内而外的质素。最让我动容的是他在回忆人生时，绕不过某段荒唐的历史大背景，其间也不得不提到道德不堪者对他的落井下石和雪上加霜。说起这些“被侮辱和被损害”的细节，他不由得泪湿眼眶。但即便如此，他也不愿直点其名，更把这些细节排除在自传之外。这份宽恕和宽宥，与其说是出于现实考量，不如说是君子之风的人品使然。坐在我明亮的办公室中，梁兄款款道来、娓娓道来、悠悠道来，让我如沐春风。很多时候，只需如实记录，便是一篇好文。他的“口语”，已然是“准书面语”，蕴含着达意的成语、形容词，乃至某些“潮语”。梁兄的身心年轻、与时俱进等特点，恰是“老克勒”的有力佐证。

梁兄的善解人意、乐于助人，也给我留下美好印象。

话说有一年，我刊记者去采访电影表演艺术家秦怡。她老人家谈兴很浓，让女记者四入家门，竹筒倒豆子般将人生经历和盘托出。记者据此写出长文，出奇生动。审稿时，我拍案叫绝，心想本期刊物必然洛阳纸贵。但为了避免“为尊者讳”，还是决定请老人家对样稿过目把关。孰料，记

者那天从秦怡家回来，耷拉着脑袋，说起秦怡对稿子的“大动干戈”，几乎是痛心疾首。原来，凡是“生动的细节”，一概被她老人家“斧削”干净，只留下干巴巴的“主流表达”。记者说，秦怡大概也觉得自己“有点过分”，一边大删，一边自嘲，以此表达某种歉意。唉，这“四入秦门”写成的一万余字长篇好稿，如今只剩下四五千字尽人皆知的若干事迹，太令人丧气了！于是乎，我对记者说，原本留着的版面作调整吧，本期暂时不发了，你也努力努力看，有否可能“恢复”一部分“精彩细节”。毕竟在我们看来，那些故事和细节生动有趣，塑造出立体和完美的秦怡，对她有益无害，没有必要如此“小心翼翼”。记者闻我言，脸上漾出为难表情。

数天后，正逢文联某次活动。共进晚餐时，我与梁兄坐在一起。听我说起这些，梁兄主动“请命”，说他与秦怡老大姐共事多年，接触频繁，他会见机行事，说服老大姐不必过虑，也让采访的记者有点成就感；何况文联会刊“思想”和“权威”并重，卓有声望，您老人家好不容易抽出时间来应允记者全方位专访，如果“积极配合”的结果，却没有达到“全面展示风采”的效果，岂不可惜！一般而言，短时期内，不会再做同样的采访报道，与其留下遗憾，不如开放一些……

我以为梁兄的“好心”只是“顺便挂心”，哪想到，他是一个实实在在的有心人，雷厉风行。不几日，我刊记者就接到秦怡电话，让去一趟她家，然后开始大段大段的“恢复”……虽然离我们的期望尚有距离，不过已经是大大“开恩”了。果然，文章发出后，好评如潮，即便“打了折”的专访，还是颇能展现秦怡风采。

每每想到此事，我就情不自禁感激梁兄的暗中相助。他的善解人意和雪中送炭，非常温馨，而事后又决不夸耀。

至于说到梁兄的“小老大”银幕形象，说到他在当年电视银屏上高歌一曲《卖汤圆》的绕梁余音，像我这个年纪的上海人，可谓是“共同的文化记忆”。为什么如今他只要出现在公众场合，依然大受欢迎？尤其是中老年观众，眼神中的崇拜，一如今日青少年对日韩明星的发烧。无他，只因那些源于历史的深刻记忆，已然构成一种文化情怀，和他们的人生牵连缠绕。怪不得当梁兄重病“转危为安”时，观众来信曰，你的健康不是你个人的事——深爱他的观众，已然将自己的喜怒哀乐与他情感与共；梁兄的“小老大”形象，不管岁月如何磨蚀，永远定格于风华岁月！

有时候，站在梁兄的身边，感受着人们眼光炽热的炙烤，我的“正能量”似乎也有所激发，我感受到一个人格风貌和言行举止俱佳的艺术家的人格魅力。我想，“与有荣焉”是不够的，我要向梁兄学习——面对事业，面对家庭，面对友情，面对背叛，面对诱惑，面对种种，以儒雅的身姿、谦逊的态度、宽恕的情怀、昂扬的精神，将人生之舟驾驭好。我要把这次难得的“合作”，作为一次有意义的纪念，也作为一次人生的激励。

致敬梁兄！

2015 年 9 月　于上海

刘巽达

《上海采风》杂志主编、编审，中国文艺评论家协会理事、华东师大兼职教授，光明日报“光明网”专栏作者，入选“2013 光明网十大资深评论员”“2014 光明网十大资深评论员”（榜首），著有《家庭启示录》《挂满鲜花的小屋》《无所不侃》《文化批评的一鳞半爪》等十余种著作。

铭记瞬间

从无到有，出版一本优质的名人传记，需要多长时间？北京与上海，两地之隔，怎样才能步调一致？

这些问题不容我们从容地探讨与实验，留给我们的时间只有五个月。

于是，2015 年的夏天，在我的记忆里变成了无数个点滴瞬间的合影。

6 月 19 日，首次致电梁波罗老师，讨论出版传记事宜。

6 月 25 日，请到刘巽达主编梳理文字，把控全书脉络。

7 月 31 日，收到梁波罗老师千余张图片。

9 月 20 日，收到《艺海波澜》全文，共计 11 万字。成稿的过程仅仅用了三个月，比预计中已经非常紧迫的交稿时间又提早了 20 天。

这看似不可能的时间节点，就在北京与上海两地间互为激励、互为动力中提前完成了。那么，是如何做到的呢？

7 月，上海高温炎热。梁波罗老师为了早一点把图片传给我，冒着 39℃的高温去扫描照片。热浪逼人，何等难耐，我能想象得到。

8月的上海，潮湿多雨。我忽然接到梁波罗老师的电话，交代事情的过程中听得出他正在室外，原来他是要冒雨赶到文联朋友处将手稿打成电子文件，已在马路边等了近1小时还没有打到出租车。就在那一天，上海被暴雨变成了“海上”。

9月交付稿件后，梁老师又多次电话嘱咐我调整某一段落或某个词语……精益求精的态度令我辈动容。

都说距离产生美，但今夏的很多时刻，我却怨恨空间距离的存在。因为不在同一座城市，所以面对老师的奔波辛苦，我只能无奈地旁观；因为不在同一座城市，所以交流、沟通不可避免地多了几分不便。幸好，我们还有另一位关键人物——《上海采风》的主编刘巽达先生。

刘巽达先生将梁老师的文章巧妙组合、增减排序，使故事更加张弛有度、扣人心弦。他负责的态度和专业的水准，是这本传记能及时出版的有力保证。作为资深出版人，刘巽达先生还针对可能出现的问题给予我切实可行的建议，有时未等我开口请教，他已将答案置于面前。我在感动之余，更惊诧于他的未卜先知，不仅倍感温暖，也更加心悦诚服。

时至今日，我仍悉数保存着梁波罗老师和刘巽达主编发来的所有短信、微信和邮件，每段都措辞优美，达意生动。在电话中，他们也是温文尔雅，不疾不徐，语调谦和。后来看到刘巽达先生在“跋”中对上海“老克勒”的详细描述，我才恍然，原来在不知不觉中，我早已沐浴在来自上海的绅士之风中了。

而在北京，要感谢的人也很多。

感谢唐国强会长、朱伽林社长、张歌秘书长、邵江主任对丛书项目给予的支持和鼓励。感谢我今年的新搭档吴迪，虽然是刚开始工作的职场新

人，但做事稳重得当，是 90 后中的佼佼者。还要感谢在装帧设计和后期制作环节给予专业支持的书图文化的陈馨女士、我工作上亲密的“小伙伴”刘蕙菡和所有为丛书默默付出的同仁们。

《艺海波澜》是《演员丛书》之艺术家传记的第三本。项目进行至今，我们深深地体会到，艺术家的艺术道路和人生故事是壮阔的、深沉的、生动的，岁月的磨砺从未改变他们那颗生机勃发的心灵，他们依然在用赤子之心来看人、看事、看世界。所以，我们一直在探索，能否让他们的传记兼具厚重与时尚之美？这短短的几个月，从撰写到出版，我们年轻的团队付出了许多努力，细致而耐心地完成了一个又一个环节的衔接和推进，力求达到最佳品质，我为我们的团队骄傲。

在即将付梓的时刻，回想本书的出版过程，无数困难伴随着更多的悉心指点、殷殷教诲、贴心理解和无私帮助。点点滴滴的瞬间，我们都将铭记在心。

演员委员会　高鸿雁

2015 年 11 月　于北京

梁波罗艺术年表

电　影

拍摄时间	影片名称	角色
1959	《向海洋》	饰演小洪，导演林杨
1959	《激流》	饰演张秘书，导演天然
1960	《60年代第一春》	饰演小春，沈浮等联合导演
1960~1961	《51号兵站》	饰演梁洪，导演刘琼
1962	《白求恩大夫》	饰演凌军医，导演张骏祥
1964	《小足球队》	饰演吴安，导演颜碧丽
1978	《沙漠驼铃》	饰演范志杰，导演刘琼
1979	《瞬间》	饰演石峰，导演赵心水
1980	《蓝色档案》	饰演李华，导演梁廷铎
1980~1981	《小城春秋》	饰演吴坚，导演罗泰
1981	《子夜》	饰演雷鸣，导演桑弧
1982	《闪光的彩球》	饰演周玉明，导演宋崇
1987	《绑票》	饰演周森，导演蒋卫和
1988	《东厂喋血》	饰演魏忠贤，导演何可人
1990	《都市刑警》	饰演钱克强，导演沙洁
1991	《几度风华几度愁》	饰演佟平，导演谢灯标
1991	《情海浪花》	饰演李凡，导演鲍芝芳
2004	《微笑》	饰演李医生，美国导演Jeffrey
2008	《盘尼西林 · 1944》	饰演医生，导演孔刚
2009	《澳门往事》	饰演周福，导演徐子牧
2013	《心曲》	饰演校长，导演牛冠中、丁鸿华

电视连续剧

拍摄时间	电视剧名称	角色
1982	《人之初》	饰演陶成义
1983	《浣纱女的传说》	饰演范蠡
1985	《洋场歌星》	饰演江泉
1986	《金蔷薇》	饰演唐克
1987	《蜜月疑云》	饰演林维汉
1988	《匿名电话——蓝盾101》	饰演薛伟强
1988	《案中案》	饰演杜德彪
1988~1989	《夺图枪战》	饰演吴书余
1989	《喋血三江口》	饰演赵大夫
1989~1990	《杨贵妃之谜》	饰演寿王
1991	《文商别传》	饰演杰克 · 张
1993	《太阳河》	饰演林百强
1994	《东坡三养》	饰演苏东坡
1994	《上海滩翡翠奇案》	饰演陈武
1995	《穿红马甲的女人》	饰演靳泰伦
1996	《今天我离休》	饰演钱经理
1996	《好事圆满》	饰演陆建国
1997	《梨园生死情》	饰演曹祖庵
1997	《看不见的深情》	饰演梁镇雄
1998~1999	《傻阿甘》	饰演杨子欣
1999	《移花接木》	饰演蔡珂
1999	《国家利益之旋转的高尔夫球》	饰演王厅长
1999	《居委主任》	饰演张医生
1999	《幸福的港湾》	饰演陆小晶
1998~2002	沪语情景喜剧《老娘舅》	饰演刘益明

2000	《情迷海上花》	饰演陈老板
2001	《女人不麻烦》	饰演秦老师
2002	《振飞百年》	饰演梅兰芳
2002	《豪门惊梦》	饰演顾伯年
2002	《管事人家》	饰演柳昊
2003	《寻梦之售楼小姐》	饰演陈总
2003~2004	《红色地毯黑色梦》	饰演吴奇炳
2004	《小鸟高飞》	饰演杨扬父
2004	《当爱已成往事》	饰演许院长
2005	《奇人黄小毛》	饰演皇帝
2007	《地下交通线》	饰演盛慕莱

舞台剧

排演时间	舞台剧名称	角色
1960年	《家》片段	饰演觉新
1961年	《破旧的别墅》	饰演吉洪诺夫
1962~1963年	《战斗的青春》	饰演胡文玉
1962年	《星火燎原》	饰演陈子平
1963年	《年青的一代》	饰演林育生
1963年	《南海长城》	饰演林志高
1978年	《三月三》	饰演周洪亮
1978年	《战斗的青春》	饰演胡文玉(与“上戏”合作)
1984年	《女画家的前半生》	饰演欧致达
1985年	《镀金》片段	饰演马文明
1985年	《雷雨》片段	饰演周萍
2003年	《非常任务》	饰演严军
2005年	《阳光驿站》	饰演老彭